안셀름 그륀의
기적*

Anselm Grün, Staunen - Die Wunder im Alltag entdecken
edited by Rudolf Walter
© 2018 Verlag Herder GmbH, Freiburg im Breisgau

안셀름 그륀의 기적

2020년 1월 23일 교회 인가
2020년 8월 15일 초판 1쇄 펴냄
2025년 6월 20일 초판 5쇄 펴냄

지은이·안셀름 그륀
옮긴이·황미하
펴낸이·정순택
펴낸곳·가톨릭출판사
편집 겸 인쇄인·김대영
편집·김지영, 강서윤, 김지현, 박다솜
디자인·정진아, 강해인, 이경숙, 정호진
마케팅·임찬양, 안효진, 황희진, 노가영

본사·서울특별시 중구 중림로 27
등록·1958. 1. 16. 제2-314호
전자우편·edit@catholicbook.kr
전화·1544-1886(대표 번호)
지로번호·3000997

ISBN 978-89-321-1710-2 03230

값 17,000원

성경·전례문 ⓒ 한국천주교중앙협의회

이 책의 한국어 출판권은 (재)천주교서울대교구 가톨릭출판사에 있습니다.
저작권법에 의해 보호를 받는 저작물이므로 무단 전재와 무단 복제를 금합니다.

가톨릭의 모든 도서와 성물, 디지털 콘텐츠를 '가톨릭북플러스'에서 만날 수 있습니다.
https://www.catholicbookplus.kr | (02)6365-1888(구입 문의)

안셀름 그륀의
기적*

안셀름 그륀 지음 | 황미하 옮김

가톨릭출판사

＊

우리가 삶을 살아가는 두 가지 유형이 있다.
기적은 전혀 없는 양 살아가거나
모든 게 기적인 양 살아가는 것이다.

— 알베르트 아인슈타인 (유다인 이론 물리학자)

| 여는 글 |

여유, 의식, 침묵으로 영적 삶을 가꾸기를

진정한 행복이란 과연 무엇일까요? 성공해야 행복할 수 있을까요? 권력, 돈, 출세, 인기가 반드시 필요할까요? 우리는 의미가 충만하고 행복한 삶을 살고자 합니다. 행복하고 바람직한 삶을 살기 위해 일상에서 최선의 길을 찾고자 노력합니다.

> 진정한 삶을 사는 사람들은 그 어떤 것도 진지하게
> 받아들이지 않는 겉핥기식으로 살지 않습니다.
> 그들은 자기만족만 추구하는 사람들이 아닙니다.

오늘날 우리는 예전보다 수월하게 살 수 있습니다. 기술 덕분에 여러 측면에서 일상을 편하게 살지요. 우리는 실로 무한한 지식에 다가가고 있습니다. 하지만 그것이 실제로 중요할까요? 우리에게 정작 필요한 것은 무엇일까요?

우리는 살면서 많은 것을 경험합니다. 그러나 실제로 근본적인 것은 무엇일까요? '나는 어떤 삶을 살게 될까? 다른 사람들은 나를 어떻게 볼까? 과연 내가 남들에게 여유 있어 보일까?' 많은 사람이 불안에 휩싸여 있습니다. 그러면서 늘 뭔가를 이루고 싶어 합니다. 그렇지만 그들이 참된 자아에 이른 것 같지는 않습니다.

오늘날 많은 사람이 행복을 추구합니다. 그들은 행복을 사고 싶어 합니다. 한편으로는 심리학적 방법을 동원하기도 하지요. 그렇지만 행복해지려고 몸부림치면 칠수록 그만큼 덜 행복해집니다. 행복을 찾아 나서지만, 삶을 즐기는 게 아니라 오히려 지쳐 버립니다. 진정한 삶을 사는 사람들은 그 어떤 것도 진지하게 받아들이지 않는 겉핥기식으로 살지 않습니다. 그들은 자기만족만 추구하는 사람들이 아닙니다.

그렇다면 영성은 어떨까요? 오늘날 세상에서 영성은 무엇을 의미할까요? 영성은 우리가 자유로이 숨 쉴 수 있는 공간, 자유의 공간을 마련하는 것을 의미합니다. 바오로 사도는 말합니다. "주님의 영이 계신 곳에는 자유가 있습니다."(2코린 3,17) 영성이란 영이 머물 공간을 마련하고 거기서 자신의 삶을 지탱하기 위한 힘을 길어 내는 것입니다. 그런 공간에 있을 때 외적 요인에 휘둘리지 않고, 오롯이 자기 곁에 있게 됩니다.

그리스도교 전통은 하던 일을 멈추고 그러한 자유의 여지, 그러니까 조급함과 스트레스와 온갖 요구에서 벗어난 상태를 추구하도록 초대합니다. 우리는 이러한 자유의 여지를 '여유'라고 부릅니다. 여유로운 상태일 때 우리는 아무것도 이룰 필요가 없습니다. 그저 쉽니다. 이렇게 쉴 때에야 삶의 근본적인 일을 깊이 생각할 수 있습니다. 그렇게 근본적인 일들을 주시하다 보면 그 일들이 영향력 있고 중요한 뭔가를 가리킵니다.

우리는 그 일들을 인지하면서도 그대로 둡니다. 그렇게 하면 세상을 바라보면서 '나'라는 존재를 인식할 수 있습니다. 그리고 내가 나 자신을 잘 알게 되면 세상과 잘 교류할 수 있습니다. 또한 내 안에서 활력의 원천도 개발할 수 있습니다.

영성은 우리가 자유로이 숨 쉴 수 있는 공간,
자유의 공간을 마련하는 것을 의미합니다.

그렇게 보면, 영성은 외적 관심사가 들어올 수 없는 일종의 피난처입니다. 그러나 그리스도교 영성은 결코 세상에서 도피하는 것이 아닙니다. 오히려 그 반대입니다. 그리스도교 영성은 우리가 날마다 경험하고 받아들이고 심화하는 다양한 관계와 함께 구체적인 삶 속으로 들어가고자 합니다. 바로 삶 한가운데로 들어가고자 하는 것이지요.

우리는 때때로 우리를 놀라게 하는 대상과 마주칩니다. 그 앞에 서서 그 대상을 바라보지요. 그 대상은 우리를 건드려 송두리째 사로잡습니다. 그래서 우리는 피상적인 것에 만족하지 않게 됩니다. 기적을 보듯이 놀라워하면서 나 자신을 넘어 나아가게 되는 것입니다. 우리는 기적과 같이 놀라운 것, 아직 이해할 수 없는 그 무엇을 바라봅니다. 그러고는 경탄합니다. 그것은 더 면밀히 들여다보라고 우리를 부추집니다. 우리가 바라본 것의 신비를 깨닫게 하려는 것입니다.

우리가 장미 한 송이를 주의 깊게 바라본다면, 이제 그 장미는 식물 이상입니다. 그 장미 안에서 아름다움의 신비, 사랑의 신비가 우리에게 드러납니다. 일상에서 자주 하고 있는 일들도 우리 인간 존재의 신비에 대한 상징이 됩니다. 탁자나 빵, 나무나 꽃처럼 우리가 자연에서 만나는 대상들도 의미를 드러낼 수 있고, 하나의 상징이 될 수 있습니다. 세상 만물들은 자신의 심오한 의미를 드러냅니다. 그리하여 우리는 세상에서 일어나는 평범한 일에서 기적을 발견합니다.

> 모든 것은 우리 삶의 신비를 말해 줍니다.
> 이득과 목적을 넘어서서 말이지요.

우리가 오늘 우리의 세계를 새롭게 발견한다면, 이득과 목적, 효율성과 합리성을 넘어서서 우리의 믿음도 더 깊어질 것입니다. 우리가 기적을 보는 듯한 시선으로 세상을 바라본다면 우리는 삶의 놀라운 신비를 알 수 있습니다. 하느님 앞에서, 하느님과 함께, 하느님 안에서 살고자 하는 삶의 신비를 깨닫게 되지요.

이렇게 할 때 우리는 성경의 메시지에도 다가갈 수 있습니다. 예수님은 지극히 우리 삶에 밀접한 것들을 이야기하셨습니다. 씨 뿌리는 사람, 하늘의 새, 들에 핀 나리꽃, 값진 진주를 찾은 상인, 밀 가운데에 자란 가라지, 재물을 올바르게 이용하는 방법 등을 이야기하신 것입니다. 그러나 그분은 이러한 것들을 이야기하며 하느님에 대해서도 이야기하셨습니다. 언제나 예수님께 중요한 문제는 하느님과 함께 사는 법이었습니다. 예수님을 통해 모든 것이 하느님과의 관계로 스며들게 됩니다.

제가 이 책에서 주안점을 둔 것도 일상에서 기적을 보는 능동적인 시선을 찾는 것입니다. 이는 다른 사람들과 맺은 관계, 시간 보내기 등 겉으로는 평범한 일들의 진실, 그 안에 숨은 것을 묻는다는 뜻입니다. 그렇게 할 수 있다면, 세상에 존재하는 모든 것은 우리 삶의 신비가 될 것입니다.

그러므로 저는 이 책에서 일상에서 늘 되풀이되는 일, 지극히 단순한 일을 비롯해 자연, 우리 마음을 움직이는 특별한 장소들을 관찰하고자 합니다. 이 책을 통해 우리가 일상에서 행하고 체험하는 것을 새로운 빛에서 바라보고 실행하도록 초대하려 합니다. 그렇게 한다면, 우리는 날마다 행하고 체험하는 것에서 내적인 여정으로 향하는 길을 찾을 수 있을 것입니다. 또한 모든 것에서 우리와 마주치고, 우리에게 다가오려 하는 심오한 신비들도 찾을 수 있을 것입니다.

| 차례 |

여는 글 여유, 의식, 침묵으로 영적 삶을 가꾸기를   5

1장 일상에 관심 갖기 — 모든 것에는 의미가 있다

자명종 소리	24
일어나기	28
씻고 샤워하기	31
이 닦기	35
옷 입기	37
아침 식사 하기	40
일터로 향하기	43
운전하기	46
일을 시작하기, 그러나 매이지 말기	50
한 가지 일에 몰두하기, 미루지 말기	53
휴식, 나를 위한 시간 내기	56
다림질을 하면서 묵상하기	60
사랑으로 요리하기	63
모두가 함께하는 식사 시간 갖기	66
나만의 시간 갖기	70
잠자리에 들며 하루를 닫기	74

2장 삶에 의미 담기—당연한 것 안에 깃든 놀라움

숨 쉬기	83
걷기	86
서 있기	90
앉아 있기	93
먹고 마시기	97
책 읽기	100
듣기	104
보기	109
눕기	113

3장 평범한 것을 새롭게 바라보기—사물에서 나는 빛

종	122
물	126
포도주	131
빵	135
탁자	140
의자	144
초	147
십자가	152
시계	155
문	158

4장 자연의 매력—보다 더 큰 것과 연결되어

영혼에게 힘을 주는 장소	168
쉼의 오아시스	173
나무	177
산	181
꽃	186
새	191
안개 속	194
눈길	198
바다	201
해와 달과 별	205

5장 다른 사람들과 연대하기 — 관계의 풍요로움

홀로 있음과 공동체	214
낯선 이와 친밀한 이	217
사랑	220
우정	223
공감과 자기 사랑	226
대화	229
감사	234

6장 모든 것에는 때가 있고, 자기 자리가 있다

시작할 때가 있고, 마칠 때가 있다	244
기쁠 때가 있고, 슬퍼할 때가 있다	248
웃을 때가 있고, 울 때가 있다	251
일하고 활동할 때가 있고, 쉬고 기도할 때가 있다	254
즐길 때가 있고, 포기할 때가 있다	258
성공할 때가 있고, 실패할 때가 있다	262
헌신할 때가 있고, 피곤해도 될 때가 있다	265
믿을 때가 있고, 의혹을 품을 때가 있다	268
건강을 중시하되, 병도 삶의 일부로 여기기	272
부정적인 감정을 허용하되, 휘둘리지 말기	275
삶을 즐기고, 죽음의 때가 오면 받아들이기	278
닫는 글 세상의 모든 것을 기적처럼	282
옮긴이의 말 일상에서 일어나는 작은 기적	289
참고 문헌	292

1장

일상에 관심 갖기

모든 것에는 의미가 있다

✱

하루하루가 첫째 날이고,

하루하루가 삶이다.

― 다그 함마르셸드 (스웨덴의 정치가)

일상은 늘 똑같다는 것이 특징입니다. 마치 틀에 박힌 듯하지요. 예로 들어 볼까요? 우리는 자명종 소리를 듣고 잠에서 깨어납니다. 이를 닦고 세수하고 옷을 입고 아침 식사를 한 뒤 일터로 향합니다. 일을 한 후 집에 와서 저녁 식사를 하고 얼마간 시간을 보낸 뒤, 잠이 듭니다.

 이런 활동을 그냥 할 수도 있습니다. 그러나 우리는 일상을 주도해야 합니다. 우리의 일상을 의식하며 활동하겠다고 결심하면, 그 활동은 좋은 습관이 되고 동시에 더 심오해집니다. 그러면 평범한 것은 평범한 것이 아니라, 우리가 사랑을 연습하고 실현하는 장이 됩니다. 텅 빈 것은 충만함으로,

진부한 것은 거룩한 것으로 바뀝니다.

독일의 심리 치료사 그라프 뒤르크하임Graf Dürckheim은 자신의 저서 《일상은 연습이다Der Alltag als Übung》에서 단순한 활동에서 어떻게 본질로 들어갈 수 있는지 말합니다. "우편함에 꽂힌 편지가 백 보 거리에 있다. 그것을 바라보기만 하면 백 보를 놓친 것이다. 그러나 '길' 위의 인간으로서 인간 존재의 의미를 찾은 사람은 일을 신속히 진행할 수 있다. 그는 올바른 자세와 마음가짐으로, 질서 잡힌 생활을 하며, 근본적으로 쇄신된다." 그러므로 중요한 것은 우리가 행하는 모든 일에서 자신의 참된 본질에 마음을 열고, 자신을 있는 그대로 느끼며, 모든 것 안에 있지만 모든 것을 뛰어넘도록 자신을 건드리는 것입니다.

우리가 단순한 일들에 관심을 가지고 행한다면 그 일들은 힘들지 않을 것입니다. 또한 일상에 관심을 갖는 것은 다른 사람들에게 마음을 열게 해 줍니다. 우리가 행하는 것은 주위 사람들을 축복하는 것과 결부되어 있습니다. 우리가 일상의 평범함과 진부함에도 "예."라고 답한다면, 그리고 눈앞에 있는 일을 의식적으로 행한다면, 몰입과 헌신뿐만 아니라 성실함도 연습할 수 있습니다. 곧 나와 사람들과 하느님에 대한 성실함을 연습할 수 있는 것입니다. 그리하여 일상은 영적 연습을 하는 중요한 장이 됩니다.

자명종 소리

아침마다 울리는 자명종 소리가 잠을 빼앗는다고 여기는 경우가 많습니다. 자명종이 울리는 순간은 정말 끔찍하지요. 사람들은 이렇게 생각합니다. '아, 피곤해 죽겠는데 저 자명종 소리 정말 싫다. 더 자고 싶은데.' 그들은 자명종을 훼방꾼으로, 심지어 적으로 여깁니다. 그렇지만 우리가 자명종을 적으로 여기면 어떻게 자기 자신에게 친절해질 수 있을까요? 자명종을 친구로 삼고 그 소리를 약속으로 받아들이면 어떨까요? 그러면 하루를 여는 첫 순간을 더 상쾌하게 맞이할 수 있을 것입니다.

자명종은 우리를 생기 있고 쾌활하게 해 줍니다. 고대 그리스 철학자들은 인간의 상태를 수면 상태로 보았습니다. 우리는 삶에 대한 환상에 빠져 있습니다. 우리가 현실을 있는 그대로 바라보도록 깨어나는 것도 의식적인 삶에 속하지요.

요한 복음서에도 나와 있듯이, 깨어나는 것은 내 안에 잠들어 있거나 죽어 있는 것이 다시 활기를 얻거나 강해지도록 새롭게 시작하는 기회입니다. 우리는 이상이나 환상 속에 사는 사람에게 이따금 이렇게 말합니다. "깨어나세요. 사물을 있는 그대로 바라보세요. 당신이 끼고 있는 색안경을 벗으세요. 그리고 세상을 깨어 있는 눈으로 바라볼 용기를 내세요."

깨어나세요. 세상을 있는 그대로 바라볼 용기를 내세요.

우리는 사물을 있는 그대로 바라보아야 합니다. 사물을 하느님의 빛에서 바라보고, 부정적인 것도 그대로 바라볼 용기를 내야 합니다. 부정적인 것도 하느님의 빛에서 바라보았을 때, 그 빛이 온갖 어둠을 몰아내리라는 희망을 품을 수 있습니다.

그리스 교부들은 예수님 부활의 신비를 '되살아남'으로 이해했습니다. 하느님은 당신 아드님을 죽음에서 생명으로 되살리셨습니다. 그러므로 자명종 소리를 듣고 깨어나는 것은 예수님 부활의 신비를 인지하도록 이끌어 주기도 합니다. 우리는 죽음에서 생명으로 깨어나야 합니다. 우리는 깨어 있는 눈으로 하루를 바라보아야 합니다.

초대 교회 때에는 닭 울음소리가 자명종이었습니다. 라틴계 교부인 암브로시오 성인은 어느 아침 찬가에서 그것을 아름답게 묘사했습니다.

"닭, 하루의 전령사가 외치네. / 어둠 속에서 새벽을 기다리는 파수꾼 / 그 울음소리가 낮과 밤을 가르네. / 밤이 물러가고 빛이 비치네."

닭은 밤에 깨어 있습니다. 이른 아침에 우리를 깨우기 위해서입니다. 일어나라고 닭이 외치는 소리는 성인에게 방해가 되지 않았습니다. 오히려 그것은 빛이 어둠을 몰아낸다는 약속, 우리 안에서 새로운 힘을 감지하게 된다는 약속이었습니다. 찬가는 이렇게 이어집니다.

"닭 울음소리와 함께 희망이 깨어나고 / 환자의 고통은 경감되네. / 밤손님은 하던 일을 멈추고 / 낙심한 이들은 새롭게 신뢰를 품네."

이 찬가에서 초기 그리스도교 시대의 시인들은 아침에 우는 닭 울음이라는 자연적 사건을 영적 표상으로 보았음을 알 수 있습니다. 닭은 그리스도를 가리키는 표상이 됩니다. 그분은 밤에 깨어 계시어 새로운 생명을 향해 우리를 일깨우십니다. 성인이 찬가에 묘사했듯이, 우리가 아침에 울리는 자명종을 영적 표상과 연결한다면 가벼운 마음으로 일어날 수 있을 것입니다. 즐겁게 일어나면서 우리 안에서 새로운 생명, 생기와 쾌활함을 느낄 것입니다. 그렇게 깨어날 때 하루를 힘차게 시작할 수 있습니다. 모든 게 잘되리라는 희망과 함께 말이지요.

일어나기

아침이 되면 누구나 일어납니다. 우리는 아침에 누군가에게 이렇게 물을 수도 있습니다. "아침에 잘 일어났나요? 포근한 이불 속에서 잘 빠져나왔나요?" 우리는 여러 감정을 품고 일어날 수 있습니다. 좋은 감정 또는 우울한 감정을 품을 수도 있지요. 이런 물음은 그것을 암시합니다.

그리스도교에서는 일어나는 것을 예수님의 부활과 연결합니다. 예수님은 무덤에서 부활하셨습니다. 무덤은 실망, 고정 상태를 가리키기도 합니다. 우리는 체념의 무덤에서, 자기 연민의 무덤에서 일어나야 합니다. 다시 말해 우리는 아침에 일어나면서 잠에서 일어난다는 것을 생각할 수 있습니다. 하루를, 내 삶을 주도하기 위해 말이지요.

또한 일어나는 것은 수동적인 관객 역할을 멈추고 삶을 향해 일어나는 것도 의미합니다. 관객은 편안히 있고, 그 상태에 머물러 있습니다. 관객은 안락의자에 앉아 삶을 그저 바라봅니다. 그러나 삶을 책임지기 위해 일어나지 않지요. 일어나는 사람은 모험도 하고, 그러다 보면 다칠 수도 있습니다. 그러나 자신의 삶을 위해 노력합니다. 일어나 떠나는 사람만이 자신의 꿈을 실현할 수 있습니다. 일어나는 사람은 적극적입니다. 그는 뭔가를 시도하고, 삶에 뛰어들 줄 압니다. 그러다 보면 뭔가가 나올 수도 있습니다.

'일어나다'라는 말은 다르게도 적용할 수 있습니다. 사회에 유언비어를 퍼뜨리며 악영향을 미치는 이들에 맞서는 것처럼 말이지요. 우리는 삶을 부정하는 경향에 맞설 수 있고, 지배적인 견해에도 맞설 수 있습니다. 길에 놓인 장애물에 맞서 일어날 수도 있습니다. 이러한 장애물은 새날을 기대하게 하는 삶에서 멀어지도록 위협하지요.

우리는 무의식적으로 행하는 것을 의식적으로 행해야 합니다. 아침에 일어나면서 모든 것을 의식적으로 행하세요.

우리는 일어나면서, 하루 안으로 들어갑니다. 안락한 이불 속을 박차고 나옵니다. 수동적으로 보기만 하던 것을 그만두고 삶이라는 경기로 뛰어듭니다. 삶을 놓치지 않고 떠나기 위해 일어납니다. 우리는 하느님을 향해 떠납니다. 우리의 길은 결국 언제나 그분께 다가가는 것입니다. 그러나 한편으로 그것은 다른 사람에게 가기 위한 것이기도 합니다. 이제 우리는 아침에 일어날 때마다 부활의 신비를 인지하게 될 것입니다. 부활은 우리 삶의 토대이니까요.

일어나 떠나는 사람만이 자신의 꿈을 실현할 수 있습니다.

씻고 샤워하기

아침에 일어나 샤워하면서 몸을 타고 흘러내리는 물에 기분이 좋아집니다. 비누로 몸을 문지르고 샴푸로 머리를 감으면서 그 좋은 향을 맡습니다. 샤워를 하면서 편안해지고, 오늘 건강하게 일어난 것에 대해 감사한 마음이 듭니다.

저는 힐데가르트 성녀의 견해에 따라서 몸을 잘 돌보려고 노력합니다. 성녀는 우리가 몸과 잘 교류해야 영혼이 그 안에 기꺼이 깃들 거라고 말했습니다. 이제 우리는 '깨끗하게 하다'가 의미하는 바를 의식합니다. 몸을 깨끗하게 할 뿐만 아니라 온갖 어두운 생각들도 흘러가게 합니다. 어젯밤 꾼 악몽이 떠오르면, 그 악몽과 마주하려 노력합니다. 그러면 그것이 내게 무엇을 말하려는지 이해할지도 모릅니다.

물론 이해하지 못할 수도 있습니다. 그러면 아침에 샤워하면서 그 악몽을 단순히 물로 씻어 내릴 수 있습니다. 우리는 샤워하면서 피곤한 상태에서 벗어나 생기를 얻을 수 있습니다. 그리고 신체적 더러움을 씻어 내는 것에 그치지 않고, 우리의 참된 자아를 흐려 놓는 모든 것을 씻어 내는 거라고 여길 수 있습니다. 몸을 씻으면서 우울한 감정, 불쾌한 생각, 마음을 짓누르는 걱정, 내면을 어둡게 하는 생각, 다른 사람들이 내게 상처 준 말에서 벗어날 수 있습니다. 다른 사람들이 나에 대해 늘어놓은 험담, 내게 들러붙어 있는 온갖 잔소리와 불평을 씻어 낼 수 있습니다. 우리는 내적, 외적으로 우리를 오염시키는 모든 것을 샤워를 하면서 닦아 냅니다.

또한 샤워를 하는 동안 물줄기를 맞으며 긴장도 풀 수 있습니다. 내 몸에서 흘러내리는 물이 내 영혼의 샘과 접촉하게 해 준다고 느껴집니다. 일터로 가기 전에 이 내면의 샘에서 물을 길어내는 것은 얼마나 행복한 일일까요! 오늘 우리가 하는 일에서 지치지 않게 될 테니까요. 이렇듯 새날을 시작하면서 하는 샤워에서 우리는 생기와 새로운 에너지를 얻을 수 있습니다.

아침에 씻으면서
새로운 에너지를 얻는 체험을 할 수 있습니다.

우리 겉면을 씻어 내는 일은 우리 내면을 씻어 내는 일의 표상이 될 수 있습니다. 모든 종교에는 정화 예식이 있습니다. 사람들은 다른 사람들을 통해 자신의 잘못이나 더러움에서 깨끗해집니다. 정화하는 것을 그렇게 이해할 때 우리는 마음이 깨끗하다는 것이 무슨 뜻인지 알 수 있습니다. 시기와 질투, 분노와 복수심으로 흐려지지 않는 마음을 갖는 것이 어떤 의미인지 알게 되는 것입니다. 시편 저자는 씻는 것에서 잘못에서 깨끗해지는 이미지를 찾아냈습니다. "저의 죄에서 저를 말끔히 씻으시고 저의 잘못에서 저를 깨끗이 하소서. 저를 씻어 주소서. 눈보다 더 희어지리이다."(시편 51,4.9) 물론 우리 스스로는 잘못에서 깨끗해질 수 없습니다. 그러나 씻음으로써 하느님이 우리에게 하시는 일을 체험할 수 있습니다. 하느님은 우리를 모든 잘못에서 깨끗이 씻어 주시는 분이시기 때문입니다.

아침에 씻는 것은 우리에게 세례받은 일을 떠올리게 합니다. 세례 때 우리는 하느님이 우리의 모습을 흐려 놓은 온갖 상에서, 남들의 기대에서, 우리가 자신에게 덮어씌운 상에서 깨끗해졌습니다. 그러므로 우리는 씻을 때마다 하느님이 우리 안에 새겨 주신 유일무이한 모습과 접촉합니다. 그리하여 그분의 찬란한 빛이 우리 안에서 빛날 수 있게 됩니다.

이 닦기

우리는 아침마다 이를 닦습니다. 이를 닦는 것은 우리가 어릴 때부터 익혀 온, 위생을 위한 일이기도 합니다. 그것은 틀에 박힌 일일 수 있지요. 하지만 이를 닦는 것에도 수많은 의미가 숨어 있습니다. 집중해서 이를 닦으면 우리의 입과 다정하게 교류할 수 있습니다. 우리는 이를 닦으면서 건강한 치아를 가졌다는 것, 씹을 수 있다는 것, 먹고 마실 수 있다는 것, 놀라운 맛을 느낄 수 있다는 것, 말할 수 있다는 것을 감사할 수 있습니다. 그리고 거울을 바라보고 이를 닦으면서 지금 내 상태가 어떤지 생각해 볼 수 있습니다. 저 같은 경우는 아침에 제 자신에게 "예."라고 말합니다.

우리는 이를 닦으며 스스로 물을 수 있습니다.
"무엇을 시작해야 할까? 어떤 것을 시도해야 할까?"

치아는 공격을 상징하기도 합니다. 그러므로 이렇게 물을 수 있습니다. "무엇을 '확 깨물어'야 할까? 어떤 것을 공격해야 할까? 무엇을 시작해야 할까? 어떤 것을 시도해야 할까?"

치아가 있기에 우리는 말할 수 있습니다. 그러므로 이를 닦는 것은 오늘 우리가 하는 말에 대한 상징이 될 수 있습니다. 오늘은 마음에서 우러나오는 좋은 말을 하겠다고 결심할 수 있습니다. 다른 사람에게 상처 주거나 강요하는 말을 하지 않겠다고 결심할 수 있습니다. 그리하여 다른 사람들을 격려하고 일어서게 하는 말, 희망과 신뢰의 말, 화해의 말, 사랑의 말, 치유의 말을 하겠다고 결심해 봅니다.

우리가 이 같은 방식으로 이를 닦으면, 그것은 단지 위생 이상의 의미를 담게 되는 것입니다. 그리고 더 의식적으로 하루를 시작할 수 있습니다. 그것은 많은 것을 변화시킬 것입니다.

옷 입기

 인류학자들에 따르면, 사람들이 옷을 입는 첫 번째 목적은 추위에서 몸을 보호하고 몸의 은밀한 부분을 감추기 위한 것이 아니라고 합니다. 그들은 우리가 옷을 입는 진짜 이유가 꾸미려는 욕구 때문이라고 합니다. 우리는 가능한 멋지고 세련되게 차려 입습니다. 그리고 자신을 드러내고 자신의 고유한 아름다움에 합당한 옷을 고릅니다.
 그러므로 의식적으로 옷을 입는 것은 좋은 일입니다. 우리는 하느님이 우리에게 주신 몸에 대해 감사하게 됩니다. 하느님이 우리에게 주신 아름다움을 옷으로 표현해도 됩니다. 사람들은 아름다움을 통해 우리에게 주의를 기울입니다. 우리는 자신감을 갖고 그들을 만날 수 있습니다. 우리가 자신의 고유한 아름다움을 알 때 만남은 더욱 기뻐집니다. 아름다움은 사람들에게 이롭게 작용합니다. 이를 더 깊이 있게 바라보자면, 우리는 옷을 입을 때 하느님이 새겨 주신 본래 모습으로 빛날 수 있습니다.

어떤 이들은 아침마다 옷장 앞에 오래 서서 어떤 옷을 입고 일터로 갈지, 다른 사람들과 만나는 데 어떤 옷이 어울릴지 고민합니다. 그러면서 다른 사람들이 자신을 어떻게 바라볼지 심각하게 생각합니다. 이렇게 그들은 남들의 판단에 매여 있습니다. 그렇지만 우리는 옷을 입을 때 오롯이 자기 자신만을 생각해야 합니다.

수도자들의 경우 옷 입는 게 매우 간단합니다. 우리는 항상 같은 옷을 입지요. 수도복과 스카풀라리오(수도복의 일종으로, 수도자의 어깨에서 앞뒤로 내려뜨리며 무릎까지 내려오기도 하는 겉옷—옮긴이)를 입고 허리띠를 맵니다. 예전에 수도자들은 수도복을 입으면서 고유한 기도를 바쳤습니다. 그 안에는 수도복을 입는 것에는 심오한 의미가 있다는 생각이 깔려 있었습니다. 바오로 사도는, 세례를 받은 우리는 그리스도를 입었다고 말합니다(갈라 3,27 참조). 그리고 에페소 신자들에게 보낸 서간에서는 이렇게 경고합니다. "진리의 의로움과 거룩함 속에서 하느님의 모습에 따라 창조된 새 인간을 입어야 합니다."(에페 4,24) 우리도 옷을 입을 때 이 모든 것을 생각할 수 있습니다. 우리는 단지 좋은 옷을 입는 것으로 그치지 않고, 그리스도를 입는 것입니다. 그 옷이 우리의 진정한 아름다움을 비춰 줍니다. 성서적으로 말하자면, 우리는 구원의 옷, 은총의 옷, 하느님 사랑의 옷을 입는 것입니다. 하느님의 사랑이 오늘도 우리 몸을 감싸 주고 보호해 줄 것입니다. 이러한 생각이 하루 전체에 빛을 비춰 줄 수 있을 것입니다.

우리는 단지 좋은 옷을 입는 것으로 그치지 않고,
그리스도를 입는 것입니다.
그 옷이 우리의 진정한 아름다움을 비춰 줍니다.

아침 식사 하기

사람들이 아침 식사를 하는 방식은 매우 다양합니다. 어떤 이들은 생각이 이미 일터에 가 있습니다. 그들은 아침을 허겁지겁 먹고, 식탁에서 서둘러 일어서면서 커피를 들이킵니다. 이와 같은 식사는 배를 채우는 것에 불과합니다. 아침마다 서둘러 식사를 하고 모든 것을 신속히 처리하는 사람은 하루를 즐길 수 없습니다.

어떤 이들은 아침 식사 시간을 거룩한 시간으로 여깁니다. 그래서 혼자 있든, 배우자나 가족과 같이 있든 공동 기도로 아침 식사를 시작합니다. 함께 기도하며 오늘 하루를 위한 축복도 청하지요. 그 시간은 그들에게 속합니다. 그들은 그 시간을 알맞게 보냅니다. 일부 사람들은 경쾌한 음악을 틀어 놓고, 그 음악에서 활기를 얻습니다. 또는 신문에 나온 새로운 소식에 관심을 기울이거나 대화를 나눕니다. 또한 앞날에 대해서나 희망, 걱정이나 불안에 대해서 얘기합니다. 그렇게 모든 감정을 털어놓으며 위로를 받고 하루를 시작합니다.

사실 아침 식사는 대부분 한결같습니다. 식탁을 꾸미느라 고심할 필요가 없지요. 아침에 에너지를 아끼는 것은 바람직합니다. 하지만 토요일이나 주일에는 평소와 다르게 식탁을 꾸미는 것도 좋습니다. 느긋하게 시간을 보내며 아침을 즐길 수 있을 테니까요.

> 아침에 시간적 여유를 지닌 사람은
> 하루를 다르게 시작합니다.

혼자서 아침 식사를 하는 사람도 이 시간을 즐겁게 보낼 수 있습니다. 갓 준비한 아침의 구수한 냄새를 맡아 보고, 그 맛을 즐길 수 있습니다. 아침 식사를 하면서 여유를 지니면 하루가 다르게 시작될 것입니다. 편한 마음으로 일터로 향하게 되지요. 그리고 일터에서 사람들이 힘든 요청을 하더라도 평정심을 잃지 않게 됩니다. 아침 식사를 의식적으로 하면 하루가 쳇바퀴를 도는 것처럼 느껴지지 않게 됩니다. 그렇게 우리는 하느님이 날마다 선사하시는 은총에 감사하며 누릴 수 있습니다. 의식적으로 시작하는 것, 새날에 평온함을 내비치는 것, 자신에게 시간을 내주는 것은 하루를 출발하는 데 특별한 의미를 줍니다.

일터로 향하기

 일은 대부분 사람들의 일상을 결정합니다. 일과 결부된 감정이 항상 긍정적일 수는 없습니다. 우리가 일에 어떻게 적응할지는 우리 자신에게도 달렸습니다. 압박을 받지 않는 것, 두려움에서 벗어나는 것은 일터로 향할 때부터 시작됩니다. 평정심을 지니고 일터로 나서는 사람은 많은 것을 얻습니다.
 우리는 다양한 방식으로 일터에 갈 수 있습니다. 자동차를 몰고 될 수 있는 한 빨리 일터에 도착하려고 할 수도 있습니다. 그러나 그것은 긴장감을 줄 뿐더러 곧 한계에도 부딪힙니다. 매번 새로운 기록을 세울 수는 없으니까요. 이와 달리 일터로 가는 길을 즐길 수도 있습니다. 가는 길에 묵상을 할 수도 있습니다. 직장에서 무슨 일이 기다리고 있을지, 오늘은 어떤 사람들을 만나게 될지, 사람들과 어떤 대화를 나누게 될지 그려 봅니다. 그러나 그런 일들이 어떻게 될지까지 생각하지 않는 것이 좋습니다. 오히려 머릿속에 떠오르는 모든 것을 하느님의 축복 아래 두세요. 하는 일이 잘되도록, 준비한 대화가 잘 이루어지도록, 고객이 마음을 열도록, 항상 중심을 잡고 모든 이에게 친절하게 대할 수 있도록 하느님께 축복을 청하는 것입니다.

차를 몰고 간다면, 좋은 음악을 들으며 운전할 수 있습니다. 기차를 타고 간다면, 좋은 책을 읽으면서 갈 수 있습니다. 이러한 시간은 온전히 내 것입니다. 아무도 나에게서 빼앗을 수 없는 거룩한 시간이지요.

베네딕토 성인은 수도원 재정을 담당하는 이에게 늘 자기 영혼에 집중하라고 요청했습니다. 그것은 우리에게도 중요한 의미가 있습니다. 우리가 어떤 감정을 품고 어떤 마음가짐으로 일터로 가는지, 이에 대한 책임은 우리에게 있습니다. 어떤 날에는 즐겁게 일터로 향하지 못할 수도 있습니다. 일이 산더미처럼 쌓인 것을 알기 때문에, 원만하게 해결되기 어려운 회의가 잡혀 있기 때문에 그럴 수 있습니다. 그러면 마치 가슴속에 돌덩이가 있는 듯한 느낌이 듭니다. 그럴 때는 우리 영혼을 의식해야 합니다. 이러한 감정을 인지하면서, 그 감정을 하느님께 드리며 그것을 변화시켜 주시기를 청하는 것이지요. 그분의 사랑이 분노, 불안, 불쾌감 속으로 흘러들어와 평화와 기쁨으로 우리를 채워 줄 것입니다. 불쾌한 일들이 생길 때마다 그분께 곁에 계셔 달라고, 다정함과 기쁨으로 채워 달라고 청하세요. 우리가 부정적인 태도를 버리고 다정하게 미소 지으며 일터로 들어서면, 하루가 달라질 것입니다.

> 부정적인 태도를 버리고 다정하게 미소 지으며
> 일터로 들어서면, 하루가 달라질 것입니다.

운전하기

　차를 몰다 보면 사람의 성격을 알 수 있습니다. 아주 편안히 운전하는 사람들이 있는가 하면, 공격적이거나 짜증을 내며 운전하는 사람들도 있습니다. 저는 강연을 하기 위해 차를 몰고 다닐 때가 많습니다. 그럴 때 다른 운전자들의 태도를 유심히 보며 알게 된 점이 있습니다. 몇몇 사람은 차를 몰면서 자신의 억눌린 공격성을 드러내는 반면, 어떤 사람들은 여유 있게 친절을 베풀며 양보합니다.

　운전도 영적 체험의 장이 될 수 있습니다. 운전은 우리 영혼을 표현합니다. 뒤르크하임은 자신의 저서에서, 몸은 내 마음 상태가 편안한지 불안한지, 평온한지 위축되어 있는지를 가늠하는 바로미터라고 말합니다. 그러나 몸은 동시에 변화의 도구이기도 합니다. 우리가 어떤 태도를 받아들일 때 내 안에서 변화가 일어날 수 있습니다. 예를 들어 의식적으로 더 편히 숨 쉴 때 영혼도 평온을 되찾을 수 있지요. 차를 몰 때에도 마찬가지입니다. 우리는 운전하면서 우리 자신을 알 수 있습니다. '내가 압박을 받는 까닭은 무엇일까? 왜 이렇게 조급한 마음이 들지? 가능한 한 빨리 목표를 달성해야 하는 이유가 있을까? 다른 운전자들이 느리게 차를 몰거나 깜박이 등을 켜지 않은 채 갑자기 추월하면 어떻게 해야 할까?' 이런 상황에 직면했을 때 자신의 성격이 어떤지 알게 됩니다. 침착함이 드러나기도 하지만, 조급함, 민감함이 드러나기도 하지요.

차를 몰다 보면 성격이 어떤지 알게 됩니다.

한편 우리는 다른 사람들을 판단하지 않고 운전에 집중할 수 있습니다. 교통 정체가 일어나도 인내하는 것을 연습할 수 있습니다. 우리는 조급함, 분노, 민감함과 같은 감정에서 멀어질 수 있습니다. 그리고 지금 이 순간에 있기 위해 노력할 수 있습니다.

다른 관점에서 보면, 운전은 '일상 속 영성'을 일구는 장입니다. 저 같은 경우는 차 안에서 클래식, 특히 전례 음악을 즐겨 듣습니다. 차 안에서 음악을 들을 수 있음에 기뻐하며 차를 몰다 보면 운전이 힘들지 않습니다. 운전은 경쾌함과 기쁨의 장이 됩니다.

또한 차를 몰면서 주변에 펼쳐지는 경치도 즐길 수 있습니다. 저는 운전할 때 보통 일찍 출발하는 편입니다. 운전하는 동안 자연의 아름다움을 느끼기 위해 시간적 여유를 두려는 것이지요. 또한 일찍 출발하면, 정각에 도착해야 한다는 압박도 받지 않습니다. 그리고 도중에 정체가 빚어지더라도, 그에 대해 짜증도 내지 않게 됩니다. 밤에 돌아올 때에는 차 안에서 강연할 때나 사람들과 만나면서 받은 인상을 떠올리며 오늘 이루어진 것에 대해 하느님께 감사드립니다.

자동차를 모는 사람이면 다양한 방식으로 삶을 규정할 수 있습니다. 그는 늘 압박을 받을 수도 있고, 차를 몰면서 평화를 누리거나 아름다운 경치를 즐길 수도 있습니다. 후

자라면 그는 차를 몰면서 자기 자신과 더욱 가까워질 수 있습니다.

일을 시작하기, 그러나 매이지 말기

　시작은 어렵습니다. 그러나 시작한다는 것은 새로운 것을 위한 기회이기도 합니다. 어떤 사람들은 아침에 일터에 와서 무엇을, 어떻게 시작해야 할지 모릅니다. 그들은 먼저 책상 위에 놓인 서류를 바라봅니다. 또는 컴퓨터를 켜고 메일을 확인합니다. 이어서 회신 메일을 보내느라 여념이 없습니다. 그러면서 종종 다람쥐 쳇바퀴 돌듯이 돌게 됩니다. 그들은 외부에 의해 조종되고, 눈앞에 일어난 일에만 반응합니다. 그 때문에 일이 잘 이루어지지 않는 경우도 많습니다.
　그럴 때는 작은 의식儀式과 함께 일을 시작하는 것이 좋습니다. 그것은 우리가 일터로 들어가는 문을 여는 것에서 시작될 수 있습니다. 우리는 별 생각 없이 문을 열 수도 있고 의식을 하면서 문을 열 수도 있습니다. 그런데 문을 여는 것이 일종의 의식이 될 수 있습니다. 영적 심오함을 지닐 수 있지요. 저는 아침에 문을 열 때마다 하느님께 오늘 제가 하는 일을 축복해 달라고 청합니다. 그리고 사무실에 들어서면서 오늘 제가 처리할 일들이 잘되게 해 달라고 청합니다.

사람들은 보통 일터에서 혼자 일하지 않습니다. 회사 동료들과 함께 일하지요. 그런데 관건은 하루를 시작하면서 내가 이 사람들을 어떻게 대하느냐는 것입니다. 많은 직장인이 출근해서는 자기 자신에게만 고정되어 있습니다. 다른 동료들은 전혀 인지하지 않지요. 다른 동료들을 생각할 수는 없을까요? 직장 동료들에게 미소 지으며 다정하게 인사하는 것만으로도 좋은 분위기를 조성할 수 있습니다. 그것은 돈이 들지도 않고 시간도 걸리지 않습니다. 그러나 하루가 달라집니다. 그리고 동료들에게 똑같이 인사를 받으면, 그것은 우리에게도 유익합니다. 우리는 직장의 심각한 상황에 억눌리지 않도록 주변 분위기를 만들어야 합니다. 우리가 하는 인사는 분위기를 밝게 합니다.

적극적으로 일을 시작하면, 창의적인 시작을 할 수 있습니다.
이는 밝은 하루를 보낼 수 있도록 이끌어 줍니다.

많은 사람이 흔히 긴장한 채 일터로 향하곤 합니다. 그들은 이렇게 상상합니다. '오늘 상사의 기분은 어떨까? 동료들은 어떤 기분으로 출근할까?' 그런 생각으로 하루를 시작하면, 우리 자신은 다른 사람들의 기분에 좌우되고 맙니다. 그러나 적극적인 태도로 일터로 가고, 다른 사람들과 적극적으로 교류하면 주변에 화기애애한 분위기를 퍼뜨릴 수 있습니다. 이런 태도면 그 누구에 의해서도 좌우되지 않습니다. 상황을 좋게 만들 수 있다는 생각은 에너지를 줍니다. 반면에 수동적으로 직장에 오면, 내게서 뭔가를 바란다는 생각이 들면서 모든 게 힘들어집니다. 일이 도무지 즐겁지 않지요. 돈을 벌기 위해서 어쩔 수 없이 일한다고 생각하면 위축됩니다. 반대로 적극적으로 일을 시작하면, 창의적인 시작을 할 수 있습니다. 이는 밝은 하루를 보낼 수 있도록 이끌어 줍니다.

한 가지 일에 몰두하기, 미루지 말기

우리가 매일 하는 일이 항상 즐거울 수는 없습니다. 마음에 들지 않는 일도 있지요. 일을 하려고 하면 꼭 하기 싫은 더 중요한 일이 생기곤 합니다. 우리는 불쾌한 것을 미루는 경향이 있습니다. 그렇지만 미루면 미룰수록 더 많은 힘이 들게 합니다. 해결되지 않은 것은 우리를 위축시키고, 다른 일에 써야 할 에너지를 빼앗습니다.

언젠가 어떤 사람이 찾아와 자신이 그런 유형이라고 말하면서 어떻게 해야 이 '미루는 습관'을 고칠 수 있겠느냐며 물었습니다. 그래서 저는 다음 세 가지 규칙을 시험해 보라고 권했습니다.

첫째는 주로 해야 할 일을 바로 끝내는 것입니다. 내키지 않는 전화 통화를 하기로 어렵사리 결정을 내렸다면, 통화를 앞두고 마음을 가다듬으며 하느님께 기도해 보라고 했습니다. 그럼 그 대화가 잘 이루어지는 것을 경험할 거라고요. 그러면 그날 하루를 더 잘 보낼 수 있을 거라고 말이지요. 그러나 대화를 미룬다면, 그로 인해 우리가 하는 다른 일들도 피해를 입게 될 거라고 했습니다. 그것은 마치 '다모클레스의 칼'(환락 중에도 늘 다가오는 위험에 대한 비유―옮긴이)처럼 우리 위에 떠 있고, 그 칼이 우리를 내리칠지도 모른다는 불안감을 늘 안게 됩니다.

둘째는 잠시 마음을 가다듬고 스스로에게 묻는 것입니다. "무엇이 그렇게 불쾌할까? 도움이 필요한 걸까? 아니면 다른 사람들의 반응 때문에 확신하지 못하는 걸까?" 우리가 밀어내는 불쾌한 것을 분석하다 보면 그것과 친해질 수 있다고 했습니다. 그러면 우리는 우리 앞에 있는 산을 더 이상 응시하지 않게 됩니다. 그리고 내가 하고 싶은 것을 위해 더 잘 준비할 수 있게 됩니다. 문제를 상세히 분석하는 가운데 그 문제가 더 작아지면서 그 문제를 더 잘 바라볼 수 있게 될 거라고 말했습니다.

> 의구심에 매이지 마세요.
> 그것이 잘되는 것을 보게 될 것입니다.

 셋째는 저항하는 것이 무엇인지 파악하는 것입니다. 그러면서 스스로 동기를 만들어 보라고 했습니다. 희망과 신뢰심을 품고서 일을 처리해 보라고 했지요. 그 일을 하고 싶지 않은 온갖 이유를 떠올리지 말라고 말입니다. 이러한 상황에서는 예수님이 해 주신 말씀이 도움이 됩니다. "일어나 네 평상을 가지고 집으로 돌아가거라."(마태 9,6) 왜 지금 그것을 할 수 없는지 근거를 대며 피하지 말고 예수님이 주시는 메시지에 귀 기울여 보세요. 그런 다음 일어나 우리의 온갖 의구심을 감싸 안고, 지금 우리를 기다리는 곳으로 가면 그것이 잘되는 것을 보게 될 것입니다.

휴식, 나를 위한 시간 내기

저는 한시도 쉬지 않고 일하는 사람들을 알고 있습니다. 그들은 점심 휴식마저 건너뜁니다. 그들은 빵을 먹으며 메일에 답장을 쓰지요. 그러나 휴식은 우리 삶에 꼭 필요합니다. 휴식은 삶의 기술에 속합니다. 시간 전문가인 카를하인츠 가이슬러Karlheinz Geißler는, 일의 시작과 휴식과 끝이 있어야 비로소 그 일이 잘된다고 말합니다.

'휴식'이라는 뜻의 독일어 '파우제Pause'는 그리스어 '아나파우소anapauso'(멈추다, 중단하다, 쉬다, 생기를 얻다)에서 나왔습니다. 이 단어의 명사 '아나파우시스anapausis'는 '중단, 쉼, 휴식처'를 의미합니다. 고대 그리스인들에게 '아나파우시스'는 일을 쉬는 것뿐만 아니라 인간의 내적 기관에 필요한 휴식, 운동선수가 회복하기 위해 필요한 시간, 전시 복무를 잠시 멈추고 쉬는 것도 의미합니다. 종교적 의미에서 '아나파우시스'는 온갖 해악에서 구제되는 것을 의미합니다. 그리스인들에게 쉼은 거룩한 것, 신들에게 청하는 것이기 때문입니다.

  이에 따라 쉼, 휴식은 우리가 일하거나 걷다가 중간에 잠시 멈추는 것만 뜻하지 않습니다. 그리스인들에게 '아나파우시스'는 쉼과 심호흡하는 것도 의미합니다. 쉼은 단지 아무것도 하지 않음이 아니라 신체적, 정신적 청량제입니다. 유다인 철학자로 그리스와 유다의 지혜를 연결한 필로Philo는 쉼(아나파우시스)에서 가장 높은 가치를 봅니다. 그는 쉼을 힘들지 않는 활동으로 이해합니다. 하느님은 지치지 않은 상태에서 쉬십니다. 그분의 쉼은 창조적 행위입니다. 필로에 따르면, 신심 깊은 사람은 하느님처럼 창조적인 쉼을 갖지만 어리석은 사람은 쉬지 않습니다.

> 일을 잠시 멈춰 보세요.
> 그리고 그것을 즐기세요.

따라서 쉬는 것은 유익합니다. 우리는 힘들게 일했습니다. 이제 하던 일을 멈추고 쉬세요. 쉬면 신체적 힘이 다시 생길 수 있습니다. 혹 다루기 힘든 주제를 놓고 토론하느라 흥분해서 얼굴이 벌겋게 달아올랐다면, 잠시 아무것도 하지 않는 게 좋습니다. 밖으로 나가 신선한 공기를 마시며 심호흡하며 숨을 고르세요. 쉬지 않고 계속 토론만 벌인다면, 뜨거운 논쟁에 휩쓸려 들어가고 말 것입니다. 뇌 연구가들도 뇌가 다시 활동할 수 있으려면 쉼이 필요하다고 말합니다. 쉬지 않으면 창의력을 잃게 됩니다. 휴식을 취한 뒤에는 일도 잘될 수 있습니다.

책을 쓰다 보면, 글의 흐름이 막힐 때가 있습니다. 그럼에도 저는 계속 써 내려갈 수 있습니다. 하지만 그렇게 고집스럽게 밀고 나가면, 글이 좋지 않다는 것을 언젠가 알아차리게 됩니다. 글이 잘 써지지 않을 경우, 저는 침대에 10분가량 누워 있습니다. 그리고 무엇을 써야 할지를 생각하지 않습니다. 그런데 아무런 의도 없이 침대에 누워 있으면 좋은 생각이 떠오릅니다. 그러면 다시 컴퓨터 앞에 앉아 글을 계속 씁니다. 휴가 때는 원칙적으로 아무 글도 쓰지 않습니다. 메모

할 수첩도, 노트북도, 일기장도 챙기지 않습니다. 휴가 중에는 단순히 숲속을 걷고, 형제자매와 시간을 함께 보냅니다. 그러고 나면 다시 생기가 돌고, 나중에 책상 앞에 앉게 되면 글을 창의적으로 쓸 수 있게 됩니다.

그러니 일하다가도 잠시 멈추세요. 가정생활을 하다가도 잠시 쉬세요. 그리고 이 쉬는 시간을 즐기면서 자신에게 말하세요. "이제 아무것도 하지 않고, 아무것도 생각하지 말아야지. 그냥 있어야지." 단순히 쉬고 심호흡을 하세요. 그것으로 족합니다.

다림질을 하면서 묵상하기

　많은 사람이 일상적인 일에서 스트레스를 받으며, 지겹다고 여깁니다. 일상적인 일을 생각만 해도 화가 나고 예민해진다고 하지요. 그러나 일상적인 일도 아주 다르게 체험할 수 있습니다. 틀에 박힌 것을 깰 수 있으며, '몰입'까지 체험할 수 있습니다. 무엇이 그 차이를 만들까요? 예를 들어 다림질처럼 평범한 일도 매우 다른 방식으로 할 수 있습니다.
　어느 여성이 다림질할 때마다 성과를 내겠다는 심리적 압박을 받는다고 털어놓은 적이 있습니다. 그녀는 산더미처럼 쌓인 세탁물을 한 시간 안에 다리기로 정해 놓습니다. 다림질 시간도 매번 더 단축하려 합니다. 그러다 보니 다림질하는 시간이 마음의 짐이 되고 말았습니다.

반면에 다른 여성은 다림질하는 시간을 좋은 강연이나 아름다운 음악을 들을 수 있는 시간으로 활용합니다. 그녀는 다림질을 즐깁니다. 다림질하면서 새로운 생각도 받아들일 수 있으니까요. 또 다른 여성은 다림질하면서 묵상을 합니다. 그녀는 다림질을 할 때 묵상을 하면서 자기 자신을 인식하고, 그런 가운데 일상적인 걱정거리와 문제들에서 벗어납니다. 다림질하는 시간이 그 여성에게는 거룩한 시간인 것이지요.

뒤르크하임은, 단순한 일이나 되풀이되는 일이 모두 묵상이 될 수 있다고 말합니다. 그것은 적극적인 묵상, 일하면서 하는 묵상입니다. 단순한 일은 우리를 내적으로 쉬게 해 줍니다. 그릇을 씻든, 잔디를 깎든, 다림질하든, 청소를 하든 중요한 것은 의식하는 것입니다. 의식을 하면 온전히 내 안에서 쉬게 됩니다. 또한 완전히 나 자신으로 있게 되고, 내가 쉬는 숨과 내가 처한 현실도 의식하게 됩니다.

단순한 일은 우리를 내적으로 쉬게 해 줍니다.

다림질도 능력과 집중이 필요합니다. 빨래는 다림질을 하는 곳 옆에 제대로 놓여 있어야 합니다. 그래야 다림질을 잘할 수 있지요. 다리미의 온도에도 주의를 기울여야 합니다. 다림질은 숙달이 필요하기에, 이 일에 몰두하면, 주변의 모든 일을 잊을 수 있습니다. 이어서 시간과 공간을 장악한 어두운 감정이 사라질 수 있고, 걱정과 조바심도 떨쳐 낼 수 있습니다.

우리가 다림질에 몰두할 때, 빨래의 구김살이 펴진 것은 상징이 될 수 있습니다. 우리 안에서 굽은 것이 다듬어진 것, 무질서한 것이 질서를 잡은 것을 나타내는 상징이 될 수 있지요. 우리는 다림질하면서 이사야 예언자가 한 말도 묵상할 수 있습니다. "거친 곳은 평지가 되고 험한 곳은 평야가 되어라."(이사 40,4) 이와 같이 다림질과 같은 단순한 일이 묵상이 될 수 있습니다.

영성은 시야를 넓히는 것입니다. 우리는 우리가 직면한 현실에서 달아나지 않고, 삶의 평범함과 진부함 속에서 기적과 같은 특별함을 인지합니다. 일상적인 것에서 거룩한 것을 봅니다. 그것은 평범한 것에도 찬란한 금빛을 비춥니다.

사랑으로 요리하기

저는 가족이나 손님들에게 기쁨을 주기 위해 요리하는 것을 즐기는 사람들을 알고 있습니다. 그들은 다른 사람들의 레시피에 관심을 기울이고, 새로운 음식도 만들어 봅니다. 또한 놀라운 맛을 내기 위해 늘 노력합니다. 요리는 그들에게 도전해 볼 만한 것이지요. 어떤 이들은 평소에 먹는 음식 만들기를 좋아합니다. 익숙한 것이 그들에게 즐거움을 주지요.

요리하는 이는 다른 사람들에게는 물론 자기 자신에게도 좋은 것을 합니다. 고대 그리스 철학자 에픽테토스Epiktetos는 이렇게 말합니다. "식사 때 그대는 손님 둘을, 곧 그대의 몸과 영혼을 대접하는 것이다."

> 하느님은 요리 냄비 옆에도 계십니다.

음식 만들 때 쓰는 화덕은 예로부터 사람들에게 심오한 의미가 있었습니다. 화덕은 인간 공동체의 상징입니다. 화덕은 온기와 안정감을 선사합니다. 로마인들에게 화덕은 가정 수호신이 머무는 곳이었습니다. 그리스 철학자 헤라클레이토스Heraclitos는 기원전 500년경에 이미 부엌과 신적인 것을 연관 지었습니다. 그가 화덕 앞에 앉아 불을 쬐고 있으면 방문자들이 다가오려고 하지 않았는데, 이때 그는 "들어오시오. 여기에도 신들이 있소." 하고 말했다고 합니다. 중세의 위대한 신비가인 예수의 데레사 성녀는 이런 말을 남겼습니다. "하느님은 요리 냄비 옆에도 계십니다."

온 가족이 먹을 음식은 화덕에서 준비됩니다. 가족은 그 음식을 먹고 힘을 얻고 건강을 유지합니다. 스웨덴의 시인이자 극작가인 넬리 작스Nelly Sachs는 화덕을 이렇게 말했습니다. "화덕은 우리가 고향, 사랑, 온기, 향유, 삶의 기쁨에 대한 갈망과 연결하는 장소입니다." 그리고 화덕과 요람을 "갈망이 떨어진 곳"이라 부릅니다. 화덕에서 익숙한 체험, 냄새와 맛에 대한 기억이 되살아납니다. 그러나 그 안에는 음식 만들기를 통해 우리 인간에게 생겨나는 새로운 것, 우리를 내적으로 쇄신시키는 새로운 것에 대한 갈망도 숨어 있습니다.

요리하는 것은 창조적입니다. 요리를 잘하는 사람은 자기 방식대로 창조합니다. 일류 요리사 출신으로 훗날 성 베네딕토 톨라이Tholey 대수도원장을 지낸 마우리티우스Mauritius가 요리와 관련된 창조 신학을 베네딕토풍으로 소박하게 한 표현을 기억해 둘 필요가 있습니다. "주방에서 우리는 하느님의 선물에 응답합니다."

모두가 함께하는 식사 시간 갖기

가족은 함께 식사합니다. 직장에서는 다른 동료들과 함께 점심을 먹습니다. 우리는 종종 식사에 손님도 초대합니다. 또 성찬을 나누면서 평범한 일상도 뛰어넘습니다. 독일의 시인 괴테Goethe는 〈식사 노래〉라는 시에서 식사를 함께하는 기쁨을 묘사하면서 "천상의 즐거움"에 관해서도 표현했습니다. 이렇게 우리는 음식을 먹기 위해 시간을 냅니다. 식사를 함께하면서 대화를 나누고 하느님의 은총도 함께 누립니다.

기쁨과 일치, 즐김과 관계, 이것이 함께하는 식사입니다.

성경은 중요한 식사에 관해 언급합니다. 아브라함은 자기를 찾아온 손님 세 명에게 식사를 대접합니다. 그리고 시중을 드는 가운데 그들이 하느님이 보내신 천사들임을 알아차립니다. 집회서에서는 우리가 식사 때 어떻게 처신해야 하는지 제시합니다. 사람들과 함께 먹을 때에는 탐식하여 실례를 범하지 말고, 예의바르게 식사해야 합니다. "음식 대접에 후한 이는 칭송을 받고 그의 너그러움에 대한 사람들의 증언은 참되다."(집회 31,23) 그리고 이사야 예언자는 세상 종말 때에 하느님이 모든 민족과 성대한 잔치를 벌이실 것이라고 이야기합니다(이사 25,6 이하 참조).

신약 성경에서는 특히 루카 복음사가가 예수님이 사람들과 나누신 식사에 관해 전합니다. 예수님은 세리들과 죄인들과 함께 식사하시고, 본디 중요한 게 뭔지 알려 주십니다. 그분은 병자들을 고쳐 주시고, 사람들이 하느님 사랑에 마음을 열게 하십니다. 예수님은 사회의 모든 계층, 곧 바리사이들, 죄인들, 당신 친구들, 평범한 사람들과 식사하십니다. 식사는 그분이 사람들에게 하느님 사랑을 선포하는 장일뿐만 아니라, 그 사랑을 그들에게 생생하게 보여 주시는 장이

기도 합니다. 식사는 관계를 의미합니다. 예수님은 모든 사람과 관계를 맺으실 준비가 되어 있습니다. 또한 사람들에게 당신의 사랑을 베푸실 준비가 되어 있습니다.

> 세상 종말 때에 하느님은 모든 민족과
> 성대한 잔치를 벌이실 것입니다.

예수님은 우리 모두가 초대받은 하느님의 잔치에 관해서도 말씀하십니다. 잔치는 우리 자신과, 다른 사람들, 그리고 하느님과 하나 됨을 나타냅니다. 예수님이 식사를 죽음보다 강한 당신 사랑의 표상으로 만드시면서 식사는 가장 높은 가치를 얻습니다. 예수님은 늘 당신을 기억하여 이 식사를, 곧 최후의 만찬, 성찬례를 거행하라고 제자들에게 이르십니다. 예수님은 빵과 포도주의 형상으로 제자들에게 당신 자신을 내어 주십니다. 그들은 그분의 사랑으로 살아야 합니다. 그리하여 식사는 예수님 제자들의 새로운 공동체를 가리키는 표상이 됩니다. 루카 복음사가는 초기 그리스도인들에 관해 이렇게 전합니다. "그들은 …… 이 집 저 집에서 빵을 떼어 나누었으며, 즐겁고 순박한 마음으로 음식을 함께 먹었다."(사도 2,46) 식사가 만들어 낼 수 있는 이러한 기쁨과 일치가 우리가 집에서 나누는 식사에서도 드러나야 할 것입니다.

나만의 시간 갖기

하루 일을 마치고 나면 나만의 시간입니다. 드디어 오늘 할 일이 끝났습니다. 많은 사람에게 이 시간은 하루 중 가장 편한 시간입니다. 집으로 돌아가는 게 기쁘고, 집이라는 편안하고 안정감을 느낄 수 있는 공간이 있는 것 또한 기쁩니다. 그들은 집에서 아무런 역할도 할 필요가 없습니다. 가족이 그들을 기다리고 있습니다.

반면에 어떤 사람들은 집으로 돌아가는 것을 싫어하기도 합니다. 혼자 사는 이들은 집에서 외로움을 느낍니다. 집에서 기다려 주는 사람이 아무도 없습니다. 그들은 남들의 바람이나 요구에 더는 반응할 필요가 없는 것이 기쁘지만, 때로는 혼자 있는 것이 고통스럽기도 합니다. 또 어떤 사람들은 걱정을 안고 집으로 향합니다. 그들은 즐겁게 귀가하지 못합니다. 잔소리를 늘어놓는 배우자나 아픈 부모 또는 이제 막 사춘기에 접어들어 문제를 일으키는 자녀가 그들을 기다리고 있기 때문입니다.

귀가하는 게 즐거우려면 일과 결별해야 합니다. 먼저 이렇게 생각하세요. '나는 이제 집으로 간다. 나를 기다리는 것이 내게 유익하다는 것을 나는 알고 있어. 뭔가가 도전해 오더라도, 그곳은 내가 돌아가는 나만의 세계야. 그곳은 내가 알고 있으며 또 내가 일궈 가는 나의 세계지. 나는 집에서 나 자신으로 있어도 돼. 혹 어떤 장애가 나를 기다리고 있더라도, 나는 그것을 내적 성장을 위한 멋진 도전으로 받아들일 수 있어.'

가정에 걱정거리가 없다고 해서, 또는 집이 근사하다고 해서 그곳이 '고향'이 되는 건 아닙니다. 독일어로 '고향Heimat'은 '신비Gehemnis'와 연결되어 있습니다. 우리는 신비가 깃든 곳에서만 마음이 편안할 수 있습니다. 그리고 우리를 집처럼 편안히 기다려 주는 신비, 우리를 서로 이어 주는 사랑의 신비에 마음을 열어야 합니다. 우리가 하느님의 신비를, 그분의 축복과 함께 우리 집에 깃든 그 신비를 안다면, 갈등이 조화와 평화를 깨뜨리더라도 편안한 마음을 지닐 수 있습니다. 우리가 하느님의 신비를 아직 제대로 이해하지 못하더라도, 그 신비가 우리를 에워싸고 있습니다.

귀가하는 게 즐거우려면
일과 결별해야 합니다.

예전에 지도자 과정을 열면서 귀가하는 방법을 이렇게 설명하자, 여러 사람이 이에 반기를 들었습니다. "그렇게 되면 참 좋겠지요. 하지만 저는 집에서도 끊임없이 사람들과 연락해야 합니다.", "저는 가족에게 관심을 기울일 수 없어요. 회사에서 전화가 자주 와서 늘 긴장 상태에 있거든요." 이는 오늘날 많은 사람이 겪는 큰 문제입니다. 회사나 기업들은 어떻게 해야 직원들이 집에서 보내는 시간을 보호해 줄 수 있을지 깊이 생각해야 할 것입니다. 그러나 비록 회사에서 전화가 오더라도 지금 이 순간에 머무는 것을 연습할 수 있습니다. 전화를 받지 않으면 되니까요. 그리고 지금 가족을 위해 오롯이 시간을 보낼 수 있습니다. 지금 가족과 함께하는 식사에, 그리고 함께 나누는 대화에 집중할 수 있습니다.

잠자리에 들며 하루를 닫기

많은 사람이 밤에 잠자리에 드는 것을 기뻐합니다. 그렇지만 어떤 이들에게는 일찍 자는 게 쉽지 않습니다. 아직 할 일이 많기 때문입니다. 그러다가 어느 순간 지쳐서 침대에 쓰러지지만, 곧바로 잠들 수가 없습니다. 여전히 많은 것을 머릿속으로 생각하느라 바쁘기 때문입니다. 또 어떤 이들은 편히 쉬지 못합니다. 놓친 기회들에 연연해하며 끊임없이 자책하기 때문입니다. "내가 그때 달리 결정을 내렸더라면……. 내가 그때 딸과, 아들과, 아내와, 남편과 더 다정하게 대화를 나눴더라면……. 내가 그때 그 말을 내뱉지 않았더라면……."

우리가 저녁에 쉬는 것은 중요합니다. 낭만주의 시대의 시인 마티아스 클라우디우스Matthias Claudius는 널리 알려진 시 〈저녁 노래〉의 둘째 연에서 고요함을 노래했습니다.

세상은 얼마나 고요한가!
날이 저물어 사방이 어스레하니
참으로 아늑하고 평화롭구나!
조용한 방에서
잠을 자면서
하루 동안 쌓인 근심을 잊어버리자.

밤의 고요함은 인간에게 유익합니다. 밤에는 낮의 소음이 멎습니다. 우리는 밤의 고요함에 귀 기울이기만 하면 됩니다. 그런 가운데 우리 안에도 고요함이 찾아듭니다. 우리가 내적으로 그리고 외적으로 쉬어야 쉼을 축복으로 체험할 수 있습니다. 그런 다음에야 침묵 가운데 자신의 영혼과 교류하게 됩니다. 그러면서 '하루 동안 쌓인 근심'을 잊습니다. 이제 우리 영혼은 편히 쉽니다.

우리 자신을 내려놓을 수 있을 때,

하느님의 포근한 품에 안길 때,

밤은 휴식의 시간이 됩니다.

밤에는 고유한 특성이 있습니다. 밤에는 모태(자궁) 속의 편안함과 풍요로움이 있습니다. 동시에 밤은 신비스러운 어둠의 표상이기도 합니다. 수도자들에게 밤은 늘 영적 시간이기도 합니다. 그들이 바치는 기도에는 밤에 깨어 바치는 기도(밤 기도, Vigil)도 있습니다. 밤에 기도를 바치면서 하느님께 더 가까이 다가갈 수 있습니다.

다양한 의식도 도움이 많이 됩니다. '잠자리에 드는 것'에도 특정한 형식이 필요합니다. 자기 전에 서서 양손바닥을 위를 향해 대접 모양으로 펴 보세요. 그다음 오늘 하루를 하느님 앞에 내놓으세요. 그러면서 온갖 "가졌더라면"과 "그랬더라면"을 포기합니다. 오늘 하루를 더 이상 바꿀 수 없습니다. 그러나 하느님이 이미 지나간 하루를 축복으로 변화시켜 주시리라고 믿습니다. 그런 가운데 오늘 하루를 내려놓습니다. 오늘 하루를 하느님 앞에 내놓고, 그분의 사랑 속에서 그것을 내려놓습니다. 대접 모양으로 편 양손바닥은 우리가 이제 누울 침대를 상징하기도 합니다. 침대에 누워 우리는 하느님의 따뜻한 손 안에서 편히 쉴 것입니다. 그것은 잠 못 이룰까 드는 걱정을 가져갑니다. 이제 긴장이 풀리고 마음이 안정됩니다. 잠을 자느냐 못 자느냐는 더 이상 중요하지 않습니다. 밤은 휴식의 시간입니다. 우리 자신을 내려놓고 나를 감싸 안아 주시는 하느님의 품에 안길 수 있으니까요. 잠을 자면서 우리는 하느님의 포근한 품에 안긴 아이가 될 수 있습니다.

2장

삶에 의미 담기

당연한 것 안에 깃든 놀라움

✱

자신이 무엇을 그릴지 알기 위해서는

그리기를 시작해야 한다.

— 파블로 피카소 (스페인의 화가)

우리는 몸을 움직이며 많은 활동을 합니다. 숨 쉬고, 걷고, 서 있고, 또 앉아 있습니다. 그런데 이때 아무 생각도 하지 않곤 합니다. 그것은 저절로 이루어지니까요. 그러나 몸으로 하는 모든 활동은 '보다 많이mehr'의 상징이 될 수 있습니다. 저는 뒤르크하임을 통해 몸의 변화하는 힘에 주목하면서 성경 용어 색인도 훑어보았습니다. '아멘', '앉아 있다', '서 있다', '가다' 등과 같은 단어가 눈에 띄었고, 이 단어가 들어 있는 성경 대목을 읽으면서 성경에서 앉아 있기, 서 있기, 가기, 아멘의 독자적인 신학이 펼쳐진다는 것을 알게 되었습니다. 성경 말씀을 묵상하는 사람이라면 이 모든 당연한 활동이 고유하고도 더 심오한 의미를 지녔음을 알게 될 것입니다. 모든 활동은 우리를 인간 존재의 신비로 데려갑니다. 그러나 우리가 하느님 앞에 어떻게 서 있는지, 그분 앞에 어떻게 앉아 있는지, 그분 앞으로 어떻게 가는지, 숨 쉬면서 하느님의 숨결을 어떻게 느낄 수 있는지를 의식한다면 우리와 하느님과 관계의 신비도 드러날 것입니다.

숨 쉬기

누구나 숨을 쉽니다. 숨 쉬는 것은 삶입니다. 세상에 태어난 순간 첫 울음과 함께 삶이 시작되고, 마지막 숨을 거두면서 죽음에 이릅니다. 그럼에도, 우리는 차이점을 알고 있습니다. 숨을 가쁘게 쉬고 늘 서두르는 사람들이 있는가 하면, 숨을 고르게 쉬고 평정을 유지하는 사람들이 있습니다. 숨은 인간의 내적 상태를 가늠하게 합니다. 숨소리가 거친 사람, 숨 돌릴 겨를도 없는 사람은 자신의 내적 불안을 내보입니다. 그가 숨을 천천히 쉬면 마음이 평온해집니다. 외부에서 비판받았을 때 먼저 심호흡을 하면 우리 자신과 교류할 수 있습니다. 그리고 외부에 의해서 반응이 결정되지 않고,

우리의 중심에서 응답하게 됩니다.

숨을 쉬면서 우리는 모든 사람과,
모든 생물과 결속되었다고 느낍니다.
이렇게 우리는 창조 세계와 연결되어 있습니다.

우리는 조용히 숨을 내쉬도록 의식해야 합니다. 숨을 내쉬면서 몰두하는 모든 것, 생각, 긴장, 갈등을 내려놓아야 합니다. 그리고 숨을 들이쉬면서 새로운 것이, 하느님의 영이 우리 안으로 들어오게 해야 합니다. 그러나 가장 중요한 순간은 날숨과 들숨 사이의 지극히 짧은 순간이라고 뒤르크하임은 강조합니다. 그 순간은 절대 침묵의 순간, 절대적 내려놓음의 순간입니다. 그 순간 우리는 자신의 행동을 내려놓습니다.

페르시아 시인 루미Rumi가 표현했듯이, 호흡을 통해 하느님 사랑의 향기가 우리 안으로 흘러듭니다. 우리가 호흡할 때마다 그것을 의식한다면, 하느님의 사랑이 우리를 관통한다는 것을 깨닫게 됩니다.

성경의 둘째 창조 설화는 하느님이 흙으로 사람을 빚으셨다고 언급합니다. 이어서 그분은 "그 코에 생명의 숨을 불어넣으셨습니다."(창세 2,7) 그러므로 우리는 호흡하면서 하느님의 숨결을 느낍니다. 신약 성경은 성령을 하느님의 숨결로 표현합니다. 그러므로 우리는 호흡하면서 우리 안에 계시는 성령을 인지합니다.

심리학자들은 숨의 의미를 새롭게 인식했습니다. 그들은 치유-숨을 말합니다. 예컨대 숨을 쉬면서 하느님의 치유하는 사랑이 우리 몸 전체로 흘러든다고 상상한다면 자신의 몸이 다르게 느껴질 것입니다. 그렇게 내려놓는 연습은 긴장을 풀게 해 줍니다. 이제 우리는 하느님의 치유하는 사랑으로 가득 차 있습니다.

숨을 쉬는 것을 의식하는 것은 유익합니다. 불안해지거나 중요한 결정을 내리거나 스트레스를 받을 때마다 숨에 집중하고 숨을 고르는 것이 도움이 됩니다. 그러면 마음이 더 평온해집니다. 그럼으로써 자기 자신을 인지하고, 외부에 의해 좌우되지 않을 것입니다.

걷기

'걷는 것'은 인간의 근본 요소입니다. 우리가 어떻게 걷느냐는 더 심오합니다. 순례자에 관한 오래된 지혜는 이렇게 말합니다. "그대가 어떻게 걷는지 보여 주시오. 그러면 그대의 상태가 어떤지 말해 주겠소."

걷는 것은 우리의 일상입니다. 우리는 매일 적어도 몇 걸음은 걷습니다. 집 안에서도 이 방에서 저 방으로 갑니다. 물건을 사러 가거나 일터로 갑니다. 또 산책도 합니다. 우리는 의식하지 않은 채, 별반 주의를 기울이지 않은 채 그냥 걸어갈 수 있습니다. 한편으로 자신이 걷는다는 것을 의식적으로 생각할 수 있습니다. 걸으면서 과거에서 빠져나옵니다. 나를 붙잡아 두려는 것을 내려놓습니다. 걷는 것처럼 평범한 것조차 영적 연습이 될 수 있습니다.

걸으면서 자신을 붙잡아 두려는 것을 버려놓으세요.

길을 걷기 시작할 때 당신을 꽉 붙들고 있는 것들을 어떻게 내려놓을지 머릿속으로 그려 보세요. 그것은 우리가 빠져 있는 오래된 습관이거나 우리에게 이롭지 않은 사람들과의 관계일 것입니다. 또는 특정한 상황이나 사람들에게 매여 있는 마음일 것입니다. 자유로이 걸으세요. 걷다 보면 자신이 똑바로 그리고 자유로이 길을 걷는다는 것을 인지하게 됩니다. 이제 한 걸음 한 걸음에 주목하세요. 우리는 발걸음을 내디딜 때마다 흙을 밟고, 발걸음을 떼면서 다시 흙에서 떨어집니다. 우리는 계속 움직입니다. 그것을 항상 변화의 여정에 있다는 것, 매 순간 뭔가가 변화되고 있다는 것, 자신의 내적 길, 영적, 인간적 길을 항상 가야 한다는 것에 대한 상징으로 여겨 보세요. 우리는 마냥 서 있을 수 없습니다. 정지 상태는 우리를 경직되게 할 것입니다.

내적 길만이 우리를 생기 있게 해 줍니다. 내적 길만이 우리가 하나의 목표를 향해 가고 있음을 의식시켜 줍니다. 우리가 그러한 관점을 지니면, 걷는 것은 영적 체험이 됩니다. 이로써 성경적 삶의 기술을 익힐 수 있습니다. 성경에는 일상생활에서 나온 지혜가 많이 담겨 있고, 걷는 것과 관련해서도 많이 언급합니다. 우리는 "그분(주 하느님)의 길을 따라 걸어야"(신명 8,6) 하고, "주님의 빛 속에 걸어가야"(이사 2,5) 합니다. 우리는 하느님과 함께 그리고 그분 앞에서 우리의 길을 걷고, 하느님은 우리와 함께 우리의 길을 걸으십니다. 그분은 우리가 어렵고 힘든 구간들을 통과할 때에도 함께 계시겠다고 약속하십니다. "네가 물 한가운데를 지난다 해도 나 너와 함께 있고, 강을 지난다 해도 너를 덮치지 않게 하리라. 네가 불 한가운데를 걷는다 해도 너는 타지 않고, 불꽃이 너를 태우지 못하리라."(이사 43,2) 이렇게 우리는 길을 가면서 하느님의 보호와 축복을 받습니다.

우리가 가는 길이
우리를 삶으로 인도해 준다고 믿으세요.

저는 오래 걸을 때면 이따금 성경에서 '길'에 관한 구절을 묵상합니다. 특정한 성경 구절을 암송하면서 걷는 것을 새롭게 경험하지요. "(주님께서) 제 발걸음 닿는 곳을 넓히시어 제 발목이 흔들리지 않았습니다."(시편 18,37) 이 성경 말씀에서 저는 드넓음과 자유에 관한 것을 체험하고 느낍니다. 걸으면서 이런 성경 말씀을 암송하기도 합니다. "제가 비록 어둠의 골짜기를 간다 하여도 재앙을 두려워하지 않으리니 당신께서 저와 함께 계시기 때문입니다."(시편 23,4) 저는 이 말씀을 마음에 새기면서 하느님이 제가 가는 길을 지켜 주신다고 느낍니다. 이는 제가 가는 길이 저를 삶으로 인도해 준다는 믿음을 지니게 해 줍니다.

이처럼 성경 말씀을 깊이 묵상하면서 걸어 보세요. 그렇게 하면 걷는 것이 무엇을 의미하는지 깨닫고, 우리가 평범하고 단순한 행동을 할 때에도 깊은 신앙 체험을 할 수 있다는 것도 알게 될 것입니다. 우리가 가는 모든 길을 하느님이 지켜 주신다는 것을, 하느님이 우리와 함께 가시고 우리를 자유, 사랑, 평화의 길로 이끌어 주신다는 것을 깨닫게 될 것입니다.

서 있기

우리는 날마다 서 있습니다. 예컨대 정류장에 서 있거나 버스 안에서도 서 있습니다. 미사 중에는 복음을 봉독할 때, 성찬 전례를 거행할 때도 서 있습니다. 그러나 의식하지 않은 채 그냥 서 있는 경우가 많습니다. 우리가 서 있는 것을 의식한다면 중요한 의미를 지닐 수 있습니다.

우리가 서 있는 것은 스스로 자신을 돕고
누군가가 다른 견해를 내놓을 때 뒤로 넘어가지 않도록,
자신을 받아들이고 믿음 안에 굳건히 서 있도록
이끌어 줄 것입니다.

성경에서 '서 있는 것'에는 심오한 의미가 담겨 있습니다. 우리가 주님 앞에 서 있다는 말이 나옵니다(신명 18,7 참조). 이사야 예언자는 서 있는 것을 믿음으로 여깁니다. "너희가 믿지 않으면 정녕 서 있지 못하리라."(이사 7,9) 바오로 사도는 그리스도인들에게 경고합니다. "믿음 안에 굳게 서 있으십시오."(1코린 16,13) 그는 또 이렇게 말합니다. "주님 안에 굳건히 서 있으십시오."(필리 4,1) 똑바로 서 있는 사람은 다른 사람들과, 갈등과, 삶과 대면합니다. 예수님은 손이 오그라든 사람에게 "일어나 가운데에 서라."(루카 6,8)라고 이르십니다. 예수님은 그에게 삶을 마주하라고, 다른 사람들 앞에 서 있으라고, 자신이 서 있을 수 있음을 보여 주라고 요구하십니다. 이제 그는 똑바로 서 있고 중심을 유지해야 합니다.

바오로 사도는 서 있는 것과 넘어지는 것을 대조하기도 합니다. "그러므로 서 있다고 생각하는 이는 넘어지지 않도록 조심하십시오."(1코린 10,12) 다른 사람 위에 군림하는 그리스도인들에게는 이렇게 경고합니다. "그가 서 있든 넘어지든 그것은 그 주인의 소관입니다. 그러나 그는 서 있게 될 것입니다. 주님께서 그를 서 있게 하실 능력이 있으시기 때문입니다."(로마 14,4) 이렇게 그리스도는 우리가 서 있고 넘어지지 않도록 우리를 강하게 해 주십니다.

우리는 서 있는 것을 의식하는 것을 연습할 수 있습니다. 똑바로 서서 움직이지 말아 보세요. 이어서 다음과 같은 시편 구절을 읽어 보세요. "네 근심을 주님께 맡겨라. 그분께서 너를 붙들어 주시리라."(시편 55,23) 그런 다음 온갖 근심을 하느님께 맡겨 드리면서 더 똑바로 서 있을 수 있다고 여겨 보세요. 다른 시편 구절을 읽어도 좋습니다. "언제나 주님을 제 앞에 모시어 당신께서 제 오른쪽에 계시니 저는 흔들리지 않으리이다."(시편 16,8)

서 있는 것이 믿음이 무엇인지 아는 데 날마다 좋은 연습이 될 수 있다고 여겨 보세요. 믿음 안에 굳건히 서 있을 수 있고, 믿음이 그 위에 서 있을 수 있는 든든한 토대임을 알게 될 것입니다. 시편 저자는 하느님을 그 위에 굳건히 서 있을 수 있는 바위로 자주 묘사합니다. 우리가 서 있는 것은 스스로 자신을 돕고 누군가가 다른 견해를 내놓을 때 뒤로 넘어가지 않도록, 자신을 받아들이고 믿음 안에 서 있도록 이끌어 줄 것입니다.

앉아 있기

우리는 컴퓨터 앞에 앉아 있습니다. 사무실에 앉아서 일을 처리하고, 전화도 받습니다. 또 기차나 자동차 안에 앉아 있습니다. 식사할 때에도 앉아 있고, 밤에는 텔레비전 앞에 앉아 있습니다. 어떤 사람들은 앉아만 있어서 움직일 수 없다고 한탄합니다. 그렇지만 앉아 있는 것에는 긍정적인 면도 있습니다. 성경에서도 그것을 확인할 수 있습니다.

미카서에는 이런 구절이 있습니다. "사람마다 아무런 위협도 받지 않고 제 포도나무와 무화과나무 아래에 앉아 지내리라."(미카 4,4) 여기서 앉아 있는 것은 평화와 휴식의 표상입니다. 우리는 단순히 의자에 앉아 평화를 누리면서 그것을 알 수 있습니다. 새들이 지저귀는 소리, 나무를 스치며 지나는 바람 소리를 듣거나 주변 풍경을 바라보면, 앉아 있는 것이 본디 무슨 뜻인지 알 수 있을 것입니다. 우리는 평화로이 앉아 책을 읽거나 뭔가를 깊이 생각합니다. 앉아 있을 때 우리는 오롯이 자기 자신 곁에 있는 것입니다. 그런 가운데 자신이 안전하고 보호받는다는 것을 느낍니다.

이런 의미의 앉아 있는 것에는 조용히 앉아 있는 것, 묵상하며 앉아 있는 것도 속합니다. 우리는 조용히 앉아 내면에 있는 고요한 공간과 접촉합니다. 그리스도교 전통에는 묵상하며 앉는 것에 대한 두 가지 표상이 있습니다. 첫 번째는 배에 앉은 수도자입니다. 수도자는 배의 키잡이처럼 앉아 있어야 합니다. 큰 파도에 이리저리 흔들리는 배는 내적 불안을 나타냅니다. 그러니까 수도자는 지금 마음이 소란한 가운데, 일상의 분주함 가운데 앉아 있는 것입니다. 그러나 그는 앉아 있으면서 마음의 평정을 잃지 않을 수 있습니다. 그는 불안과 마주합니다. 두 번째는 호랑이 위에 앉은 수도자입니다. 그는 사나운 동물 위에, 자신을 위협하는 격정 위에 앉아 있습니다. 그는 격정을 다스리기 위해, 격정을 자신을 위해 이용하려고 그 위에 앉습니다. 그는 격정에 휘둘리지 않고 그 위에 앉아 있습니다.

> 때로는 의식적으로 앉으세요.
> 그러면 자신의 품위를 지각할 수 있습니다.
> 그리고 다른 위력에 휘둘리지 않습니다.
> 우리에게는 자신을 다스리는 힘이 있습니다.

성경을 통해 앉아 있는 것의 다른 의미들도 알게 됩니다. 앉아 있는 것은 슬픔의 몸짓이 될 수 있습니다. 욥은 잿더미 속에 앉아 자신의 운명을 한탄합니다. 시편에는 이렇게 나와 있습니다. "바빌론 강기슭 거기에 앉아 시온을 생각하며 우네."(시편 137,1) 애가에는 이런 말이 나옵니다. "그는 홀로 말없이 앉아 있어야 하니 그분께서 그에게 짐을 지우셨기 때문이다."(애가 3,28)

한편 앉아 있는 것에는 긍정적이고 희망 가득한 의미도 있습니다. 예수님은 제자들에게 다음과 같이 약속하셨습니다. "너희도 열두 옥좌에 앉아 이스라엘의 열두 지파를 심판할 것이다."(마태 19,28) 우리는 미사 중에도 성당에서 앉아 있는 것을 연습할 수 있습니다. 예컨대 복음 말씀을 들으며 다음과 같이 상상할 수 있습니다. '나는 옥좌에 앉아 있다. 나는 나의 욕구나 격정에 휘둘리지 않고, 나를 다스린다. 나는 내 옥좌에 앉아 예수 그리스도와, 지금 어좌에 앉아 계신 분(묵시 5,13)과 함께한다.' 이렇게 앉아 있는 것은 깊이 생각하는 것, 경청하는 것의 자세이기도 합니다. "마리아는 주님의 발치에 앉아 그분의 말씀을 듣고 있었다."(루카 10,39)

우리는 평소에 앉아 있으면서 이 앉아 있는 자세를 들음, 집중, 내적 평화, 누림의 태도로 받아들일 수 있습니다. 또한 우리가 옥좌에 앉아 있는 것으로 받아들일 수도 있습니다. 때로는 의식적으로 앉으세요. 그러면 자신의 품위를 지각할 수 있습니다. 그리고 다른 위력에 휘둘리지 않습니다. 우리에게는 자신을 다스리는 힘이 있습니다.

먹고 마시기

먹고 마시는 것은 인간의 근본적인 욕구입니다. 먹고 마시지 못하면 우리는 살아갈 수 없습니다. 그러나 우리는 먹고 마시는 것을 매우 다양한 방식으로 행할 수 있습니다. 어떤 이들은 회신 메일을 쓰면서 샌드위치를 먹습니다. 또 어떤 이들은 배가 고파서 가능한 한 빨리 배를 채우려 합니다. 또 다른 이들은 먹고 마시면서 내적 공허를 채웁니다. 그들은 갈증을 풀기 위해, 또는 몸에 먹을 것이 필요하다고 생각하기 때문에 음료나 음식을 몸 안에 들이붓습니다.

의식적으로 먹는 사람만이 먹는 것을 즐깁니다.

탐욕스러운 사람은 즐길 줄 모릅니다.

  수도자들은 침묵 중에 식사하면서 영적 책을 읽는 소리에 귀 기울입니다. 묵상 프로그램을 할 때에도 참가자들에게 침묵하며 식사하도록 초대합니다. 많은 참가자에게 그것은 새로운 경험이고, 그들은 또 기꺼이 그렇게 합니다. 그들은 먹는 것에, 음식물을 꼭꼭 씹는 것에, 맛을 느끼는 것에 집중합니다. 음식물을 한 입 한 입 먹을 때마다 그것을 즐깁니다.
  옛날부터 사람들은 기도나 강복과 함께 식사를 시작했습니다. 우리는 식사하면서 하느님의 은총을 누려도 되고, 하느님이 우리를 사랑하심을 인지할 수 있습니다. 식사 전 강복은 주의 깊게 먹도록, 음식물을 씹을 때마다 신비를 느끼도록 초대합니다. 우리는 아직 먹어 보지 못한 것을 먹는다는 신비를, 또 그 음식물이 우리 입에서, 그다음에는 위에서 고유한 것으로, 우리를 강하고 건강하게 하는 것으로 변화된다는 신비를 느낄 수 있습니다. 먹기 전에 잠시 멈추고 그것을 감지할 수 있습니다.
  의식적으로 먹는 사람만이 먹는 것을 즐깁니다. 탐욕스러운 사람은 모든 음식물을 허겁지겁 삼킬 뿐, 의식적으로 행할 때 드러날 수 있는 신비를 느끼지 못합니다. 우리는 식탁에 오른 모든 음식을 즐길 수 있습니다. 그것은 음식을 준비하고 조리한 이들, 씨를 뿌리고 가꾸고 수확한 이들, 우리가 먹거나 마실 수 있도록 수고한 모든 이와 우리를 이어 줍니다. 그것은 그 선물을 준 자연과 우리를 연결해 주고, 우리는 이에 감사를 표현합니다. 그러므로 먹고 마시는 것은 칼로리 공급이나 단지 배를 채우는 것 이상을 의미합니다. 먹고 마시는 것은 이로운 것, 우리를 건강하게 하고 우리의 결속력을 굳힙니다. 이로써 우리의 일상에도 힘을 주고 우리에게 활기를 선사합니다.

책 읽기

아침에 책 읽는 것이 습관이 되었다고 여러 사람이 제게 말합니다. 하루에 책 몇 쪽을 읽는 것이 그들에게는 양식과 같습니다. 그들은 책에서 접한 생각을 품고 하루를 다르게 시작합니다. 읽는 것이 그들의 눈을 열어 주고 삶을 새롭게 바라보게 합니다. 읽는 것이 그들을 더 심오한 앎으로 이끌어 주고 그들의 영혼 안에 깃든 신뢰와 접촉하게 합니다. 그들은 때로 신뢰심을 잃었다고 여기지만, 책을 읽으면서 신뢰심을 되찾습니다.

그러나 어떤 사람들은 불평을 늘어놓습니다. "저도 책을 많이 읽어요. 그런데도 제 삶은 달라지지 않네요. 책에서 읽은 내용을 제 것으로 만들 수 없어요." 그러나 책 읽기의 관건은 우리가 삶을 어떻게 바꿔야 할지에 대해 새로운 조언을 얻는 게 아닙니다. 책 읽기는 다른 세계로 들어가는 것입니다. 이렇게 들어가는 것으로 책 읽기는 일종의 치유 행위, 우리를 아주 특별한 방법으로 변화시키는 행위입니다. 책 읽기는 우리를 내적으로 강화하고 정신을 매우 고유한 방법으로 풍요롭게 하기 때문이지요. 예컨대 텔레비전과 같은 미디어 매체와 달리 시간 흐름이 나 자신에 의해서 결정됩니다. 우리는 책을 읽으면서 시간을 다스립니다. 관심이 가는 대목에 더 오래 머물 수 있고, 어떤 대목은 건너뛸 수도 있으며, 읽은 내용을 거듭 나의 생각과 결부시키고 또 심화할 수 있기 때문입니다. 책 읽는 것은 집중을 요할 뿐만 아니라 집중하게 하며 집중을 강화시키기도 합니다. 책 읽는 것은 상상을 불러일으키고, 창의력을 펼치도록 자극합니다.

> 책을 읽으면서 우리는 다른 세계로 들어가고,
> 다른 사람들의 경험과 통찰에 마음을 엽니다.

책 읽기는 순례자의 영적 여정에도 비유될 수 있습니다. 러시아 정교회 신비주의에 관한 저명한 책인 《이름 없는 순례자》에서 주인공은 순례 길에 오릅니다. 배낭에는 딱딱한 빵과 책 몇 권만 들어 있습니다. 여기서 책 읽는 것처럼 순례한다는 것은 도중에 있음, 다른 사람들의 체험에 자신을 내맡김, 고정된 것에서 벗어남, 내적으로도 변화됨이라는 뜻입니다.

> 의도가 없고 특정한 목적을 지향하지 않는 책 읽기는
> 그 자체로 이미 삶입니다.

이런 유형의 책 읽기는 영적 연관성에서 오랜 전통을 지니고 있습니다. 예를 들자면, 수도자들은 '거룩한 독서lectio divina'에서 그것을 연습했습니다. 이는 성경을 주의 깊게 읽는다는 것을 의미합니다. 수도자들은 성경을 읽는 것을 통해 자기 자신이 누구인지 깨닫기를 바랍니다. 그리고 성경을 읽으면서 하느님의 마음을 발견하고자 합니다. 이 말은 물론 성경 읽기에만 적용되지 않습니다. 우리는 독서를 통해 다른

사람이 생각하는 세계를 알기를 바랄 뿐만 아니라, 작가의 마음과도 교류하기를 바랍니다. 자기 마음을 새롭게 인지하기 위해서입니다. 그리고 우리가 책에서 읽는 모든 구절에서 종국에는 인간의 신비도, 이 세상을 뛰어넘고 초월적인 것에 열려 있는 그 신비도 밝혀질 것입니다.

또한 책을 읽은 뒤에는 나 자신을 달리 느낍니다. 내가 강해졌다고, 사람들에게 늘 감명을 주어야 한다는 압박에서, 늘 뭔가를 이뤄야 한다는 압박에서 벗어났다고 느낍니다. 책을 읽으면서 다른 사람들의 경험과 통찰한 것을 알게 되고, 고립된 상태에서 벗어납니다. 책을 읽으면서 순수하게 있음의 신비를 느끼게 됩니다. 그러므로 의도가 없고 특정한 목적을 지향하지 않는 책 읽기는 그 자체로 이미 삶입니다.

듣기

외부에서 끊임없이 들리는 소음으로 인해 우리는 듣는 법을 잊습니다. 우리는 종종 주위에서 들리는 소리를 의식 없이 감지합니다. 건성으로 듣거나 집중하지 않을 때도 숱하지요. 그러나 듣는 것은 적극적인, 정서적 감각입니다. 귀는 말하는 대상에게 우리를 참여시키고자 합니다. 우리는 상대방의 말을 듣지만, 그의 목소리에서 전해지는 분위기도 느낍니다. 우리는 말하는 이의 말에 비추어 의도를 알아차리고, 그 말에서 가까운지 먼지, 사랑스러운지 냉정한지, 이해받는지 단절되어 있는지도 알아차립니다. 따라서 소통을 잘하려면 잘 들어야 합니다. 말하는 이의 말을 잘 경청할 뿐만 아니라 그 뉘앙스, 그의 의도와 정서적 상태도 잘 인지해야 합니다. 대부분의 대화가 잘 이루어지지 않는 까닭은 우리가 귀 기울이지 않고 상대방의 말에서 우리에게 도움이 될 만한 새로운 것을 간파하지 못하기 때문입니다.

주의 깊게 듣는 것은 전적으로 감각을 기울이는 것, 세심하게 의식하는 것, 귀를 열고 듣는 것을 의미합니다. 우리가 다른 사람에게 '귀를 활짝' 연다면, 말하는 사람의 말에 주의를 기울인다면, 우리는 단지 그의 말만 듣는 게 아닙니다. 그 사람에게 관심을 쏟고, 그를 인지하며, 그의 감정을 느끼는 것입니다. 우리는 그에게 향하면서, 그의 말에 공감합니다. 이는 동시에 우리 자신의 말을 듣고 다른 사람이 우리 안에 불러일으키는 내적 자극도 듣는 것입니다. 다른 사람의 말은 우리 안에 새로운 공간, 우리가 자기 자신을 새롭게 체험할 수 있는 공간을 열어 줍니다.

베네딕토 성인이 통찰한 바에 따르면, 듣는 것은 단지 순종으로만 이끌지 않습니다. 듣는 것은 소속됨으로도 이끕니다. 우리는 예수님의 말씀을 들으면서 그분께 속한다고 여깁니다. 그러나 우리는 들은 것에 대해서 반응도 해야 합니다.

적극적인 태도를 보이고 행동으로 옮겨야 합니다.

유다교 신학에서 하느님의 말씀을 듣는 것은 믿음의 중심이었습니다. 이는 지금도 그렇습니다. 하느님은 당신 백성과 각 개인의 역사에서 거듭거듭 말씀하십니다. 그리고 듣는 것은 과거에 있었던 일을 떠올리는 것이기도 합니다. "조상들이 우리에게 얘기한 것", 이것은 현재 삶의 기준이 됩니다. 하느님이 말씀하신 것을 유다인들은 듣고 따랐습니다. 하느님이 말씀하시는 것은 실행되어야 합니다. 그래서 유다인들이 매일 바치는 기도는 "이스라엘아, 들어라!"(신명 6,4)라는 말씀으로 시작합니다.

> 침묵하면서 우리는 늘 귀 기울일 수 있습니다.

우리의 과제는 피상적인 것을 통과해 듣는 것입니다. 모든 것 안에 숨겨져 있는 조화가 내는 음을 듣기 위해서입니다. 나아가 모든 음성 안에서 그리고 모든 음성 뒤에서 하느님의 음성을 듣기 위해서입니다. 그렇게 들을 수 있으려면 침묵하면서 늘 귀 기울여야 합니다. 침묵을 힘의 원천으로 사용하려면 침묵할 줄 알아야 합니다. 우리는 고요한 공간으로 들어갑니다. 그리고 특정한 자리나 특정한 시간에 우리를 에워싼 침묵에 자신을 내맡깁니다. 입을 다무는 것은 적극적인 것입니다. 우리가 의식적으로 말하지 않거나 생각을 표현하지 않는 것은 영적 연습입니다. 입을 다무는 것과 침묵, 이 둘은 짝을 이룹니다. 둘은 우리를 자기 자신에게 더 가까이 데려다 줄 뿐만 아니라, 우리가 스스로에게 씌워 놓은 상像에서 벗어나게 해 줍니다. 그리고 다른 실재, 하느님의 음성에 우리를 열어 줍니다.

하느님의 음성은 창조 세계에서, 우리 귀에 들리는 모든 것에서 울려 퍼집니다. 그러나 하느님의 음성은 무엇보다 말에서 들을 수 있습니다. 그것은 내면의 말, 우리 마음속의 소리, 우리 양심의 소리일 수 있습니다. 누군가가 우리에게 건네는 말일 수도 있습니다. 그리고 성경 말씀일 수도 있습니다. 하느님이 성경에서 우리에게 말씀하셨기 때문입니다. 성경 말씀은 우리와 관계를 맺기를 바라는 분이 건네시는 말씀입니다. 따라서 성경 말씀을 하느님이 지금 이 순간에 우리에게 하시는 말씀으로, 그분이 우리를 부르시는 말씀으로 묵상하는 것이 중요합니다. 예컨대 "내가 너를 구원하였으니 두려워하지 마라. 내가 너를 지명하여 불렀으니 너는 나의 것이다."(이사 43,1)라는 말씀을 묵상하면서 하느님이 우리에게 하시는 말씀으로 여겨 보세요.

듣는 것은 무한한 신비를 느끼게 할 수 있습니다.

우리가 지금까지 언급한 내용을 음악에도 적용할 수 있습니다. 음악을 들으면서 우리는 영혼을 열어 주는 공간을 우리 안에서 발견합니다. 또한 아름다운 선율에 마음을 엽니다. 그 선율 속에서 하느님이 우리에게 말씀하십니다. 그 선율 속에서 하느님이 우리 안에서 노래하십니다. 그렇게 듣는 것은 무한한 신비를 느끼게 해 줍니다. 듣는 것은 선물입니다. 음악이 나를 위해 하늘로 향한 창을 열어 주기 때문입니다. 그러한 음악을 들으면서 우리는 이 세상을 넘어 하느님의 세상으로 들어갑니다. 여기 지상에서 듣는 모든 음악에서 천상 음악, 하느님에 대한 것이 울려 퍼집니다.

보기

우리는 영상이 넘쳐 나는 시대에 살고 있습니다. 때문에 외면하거나 제대로 바라보지 않거나 많은 것을 지나쳐 버리기도 합니다. 그렇지만 누군가를 지나치지 않고 진정으로 바라볼 때 배려하는 마음이 생깁니다. 이는 그를 이롭게 합니다.

> 누군가를 지나치지 않고 그를 진정으로 바라보세요.
> 이는 그를 이롭게 합니다.

고대 그리스인들은 '보다'에 해당하는 단어를 여러 개 사용했고 또 이에 섬세한 의미를 두었습니다. '보다'에 해당하는 동사 가운데 '테아스타이theasthai'가 있는데, 신(하느님)을 뜻하는 그리스어 '테오스theos'도 여기서 유래했습니다. 하느님은 근본적으로 우리가 바라볼 수 있는 분입니다. 물론 그리스인들은, 우리가 신(하느님)을 직접 바라볼 수 없다는 것을 알고 있었습니다. 그러나 우리는 세상을 바라보면서 그 안에서 하느님의 아름다움을 발견합니다. 우리가 바라보는 모든 것에서 하느님의 영광이 빛납니다.

'보다'에 해당하는 그리스어로 '테오레인theorein'도 있는데, 여기서 '연극'을 뜻하는 '테오리아theoria'라는 말이 나왔습니다. 그리스 철학자 아리스토텔레스는 연극을 이로운 것으로 인식했습니다. 연극을 보면 감정이 정화되기 때문입니다. 이처럼 보는 것은 우리를 변화시킬 수 있습니다. 또한 연극은 사람들을 자신의 참된 본질과 접촉하게 해 줍니다. 그것을 보면서 본질이 무엇인지 찾게 되는 것입니다. 예수님이 십자가에서 돌아가신 모습을 본 사람들에 관해 성경에서는 이렇게 언급합니다. "구경하러 몰려들었던 군중도 모두 그 광경을 바라보고 가슴을 치며 돌아갔다."(루카 23,48) 참으로 의로우신 예수님을 바라보면서 우리는 진정한 자아와 접촉하게 되고 이 자아를 향해 나아가게 됩니다. 이것이 우리를 변화시킵니다. 그리고 우리는 변화되어 일상으로 돌아갑니다.

> 자신을 사랑스럽게 바라보세요.
> 그리고 우리 안에 있는 아름다운 것을 믿으세요.
> 우리가 다른 사람들을 사랑스럽게 바라볼 때
> 그들 안에 있는 아름다운 것도 알게 될 것입니다.

독일어로 '아름다운schön'은 '바라보다schauen'에서 나왔습니다. 나 자신을 사랑스럽게 바라볼 때 우리는 아름다워집니다. 다른 사람을 사랑스럽게 바라볼 때 우리는 그 사람 안에 있는 아름다움을 발견합니다. 우리는 세상의 아름다움에서 하느님을 매우 아름다운 분으로 바라봅니다. 우리는 하느님이 만드신 아름다운 세상에서 그분의 자취를 봅니다. 우리가 아름다운 것을 묵상할 때, 그것이 우리를 변화시킵니다. 그것이 우리 안에 있는 아름다운 것과 접촉하게 해 줍니다.

우리 주위에는 아름다운 것이 많습니다. 예컨대 우리가

사는 집을 바라봅시다. 어떤 공간이 특히 아름답게 보이나요? 우리 주위에서도, 우리가 사는 도시에서도 아름다운 것들을 찾아낼 수 있습니다. 도시의 오래된 집들을 바라보고, 그 주변에서 빛나는 아름다움도 느껴 보세요. 또는 성당에 들어가 앉아 주위를 둘러보세요. 그 아름다움에 감탄할 수 있는 성당이 도시에 있다는 것은 사람들이 오랜 기간에 걸쳐 이룬 고마운 일입니다. 인간다운 사회를 건설하는 길은 다양합니다. 아름다움도 거기에 속하지요.

당신의 고유한 아름다움과 접촉하세요.

프랑스에서 부당하게 취급받은 노동자들을 위해 투신했던 철학자 시몬 베유Simone Weil는 아름다운 것에 대한 체험이 얼마나 많이 필요했는지 늘 말했습니다. 지치지 않고 투신하기 위해서였지요. 우리는 단지 먹기 위해 살지 않습니다. 아름다움도 우리의 양식입니다. 러시아의 작가 도스토옙스키Dostoevsky는 이렇게 말했습니다. "아름다움이 세상을 구원할 것이다."

눕기

일에 정신없이 쫓기다 보면 쉬고 싶다는 마음이 듭니다. 여기서 어떻게 해야 쉴 수 있을까 하는 물음이 등장합니다. 이때 몸의 긴장을 푸는 것, 즉 단순히 눕는 것이 도움이 될 수 있습니다.

저녁 시간이나 밤이 아니더라도 우리는 누울 수 있습니다. 수도자들이 오후에 짧은 낮잠을 잘 수 있다는 것은 일종의 특권이라 할 수 있지요. 대부분의 사람들은 일하는 동안 그렇게 할 수 없습니다. 그러나 잠시 동안 누울 수 있다면, 그것은 매우 유익할 것입니다.

지금 아무것도 할 필요가 없습니다.

아무것도 생각할 필요가 없고,

아무것도 이룰 필요가 없습니다.

단순히 그냥 있으면 됩니다.

눕는 것은 앉아 있는 것보다 긴장을 더 많이 풀 수 있습니다. 누워 있으면 자신을 완전히 내려놓게 됩니다. 침대나 바닥에 깔린 요의 평평함을 느끼면서 상상해 봅시다. '나는 지금 단지 침대나 바닥에 누워 있는 게 아니라, 하느님의 손 안에 누워 있다.' 우리는 하느님의 손에 받쳐져 있습니다. 그러니 있는 그대로 있어도 됩니다. 이렇게 상상하면, 잠시 동안 눕는 것이 유익해집니다. 이제 우리는 일어나면서 다시 새 힘을 얻고 일에 몰두할 마음이 생깁니다.

밤이 오면 우리는 잠자기 위해 눕습니다. 많은 사람에게 눕는 것은 잘 때 취하는 당연한 자세입니다. 사실 잠자기 위해 눕는 데에는 다양한 방법과 자세가 있습니다. 어떤 사람들은 옆으로 눕습니다. 그리고 몸을 구부립니다. 이 자세는 종종 엄마 뱃속에 있는 태아의 자세로 표현되기도 합니다.

그들은 이러한 상태에서 자신을 감싸 안습니다. 이제 그들은 오롯이 자기 자신을 위해 있으면서 편히 쉽니다. 저는 이러한 자세가 영성이라고 생각합니다. 하느님이 다정한 엄마처럼 우리를 감싸 안아 주신다고, 그분 옆에서 편히 쉰다고 상상할 수 있으니까요.

어떤 이들은 등을 바닥에 대고 눕습니다. 이렇게 등을 바닥에 대고 눕는 자세는 저에게 묵상하는 자세이기도 합니다. 사람들과 대화를 나누고 나면 피곤할 때가 있는데, 이럴 경우에는 방에 들어와 15분 정도 침대에 눕습니다. 이때 등을 바닥에 대고 눕습니다. 그러면서 이렇게 생각합니다. '지금 아무것도 할 필요가 없다. 아무것도 생각할 필요가 없고, 아무것도 쓸 필요가 없다. 단순히 그냥 있으면 된다.' 저는 하루 중 15분 정도는 그냥 쉽니다. 밤에 잠이 깨면 종종 바로 누워서 가슴 위에 손을 놓고 예수 기도를 바칩니다. 그러면 깨어난 것이 방해되지 않습니다. 그리고 마음의 평화를 누리면서 예수 기도를 통해 사랑으로 둘러싸여 있다고 느낍니다. 그 시간은 그 무엇보다 유익합니다.

3장

평범한 것을 새롭게 바라보기

사물에서 나는 빛

✶

쪼개진 빵 맛에 견줄 만한 것은

아무것도 없다.

— 앙투안 드 생텍쥐페리 (프랑스의 작가)

우리는 시계를 차거나 반지와 목걸이 같은 장신구를 몸에 걸칩니다. 우리가 사는 집에는 탁자, 의자 따위가 놓여 있습니다. 그런 물건들은 소비재에 불과할 수 있지만, 어떠한 큰 것의 상징도 될 수 있습니다. 그 물건들은 우리가 지닌 안전, 충만한 삶, 행복에 대한 갈망을 표현할 수 있습니다. 그러므로 우리가 일상에서 접하는 모든 사물은 우리 인간 존재와 우리 삶의 신비를 나타내는 표상이 될 수 있습니다.

하느님은 단지 성경과 사람들을 통해서만 말씀하지 않으십니다. 그분은 물건을 통해서도 우리에게 말씀하십니다. 평범한 물건들은 우리와 하느님과 관계를 명료하게 해 줄 수 있습니다. 우리는 많은 물건에서 변화에 대한 갈망, 삶의 매혹에 대한 갈망을 인지할 수 있습니다. 예를 들어 종이 울리는 것도 하루 중 어느 때를 알리거나 특별한 행사 때 자리에 앉으라는 신호로만 듣지 않습니다. 종소리에서 천상의 평화에 대한 갈망이 우리에게 울려 퍼집니다. 식탁, 의자 등 이 모든 물건 안에 참된 삶, 안전, 자기 자신과의 조화에 대한 갈망이 숨어 있습니다. 세상 만물에서 '한발 더' 나아가는 갈망을 알아차리기 위해 필요한 것은 의식하는 것입니다.

살면서 우리가 만나는 모든 대상 안에 숨어 있는 갈망을 흔들어 깨우고 의식하려면 적절한 말이 필요합니다. 이 장에서는 일상의 구체적인 물건들을 바라보려 합니다. 그중에서도 사람들이 오래전부터 사용해 왔고 사람들의 다양한 경험과 갈망이 깃든 소박한 물건들을 바라볼 것입니다. 사람들은 그 물건들과 함께 체험을 했으며, 자신의 소망이나 예감을 그 물건들과 연관 지었습니다. 물론 자동차, 스마트폰, 컴퓨터도 우리 안에서 갈망을 일깨울 수 있습니다. 그렇지만 이런 물건들은 대개 실용적 가치만 지닐 뿐, 인간의 오랜 경험들은 쌓여 있지 않습니다. 그래서 저는 주변에서 흔히 보는 몇몇 물건을 관찰하려 합니다. 우리가 일상에서 대하는 물건들을 이처럼 묵상해 보는 시간을 가지길 바랍니다.

종

"나의 소리는 축제의 소리다. 내가 울리는 소리는 슬퍼하는 이들에게 위안을 준다." 14세기에 만들어진 어느 종에 새겨진 문구입니다. 우리 수도원에서는 어느 수도자가 선종하면 하루 종일 종이 울립니다. 이 종소리를 듣고 모든 수도자와 인근 주민들은 우리 가운데 한 사람이 선종했음을 알게 됩니다.

종소리는 지금 일어나는 일을, 예전에 일어났던 일을 의식하게 합니다. 그래서 유럽의 많은 도시에는 어떤 일을 상기하기 위해 종을 울리는 풍습이 있습니다. 한편 기쁜 일에도 종이 울립니다. 오늘날에도 새 교황이 선출되면 장중한 종

소리를 듣게 됩니다. 주일이나 축일에도 많은 교회 공동체에서는 저녁 시간 전에 종이 울립니다.

세월이 흐르면서 더는 손으로 종을 치지 않고 종이 자동적으로 울리게 되었습니다. 그럼에도 분주한 일상 한가운데서 우리는 울리는 종에서 다른 소리를 들을 수 있습니다. 종소리는 고립감을 몰아내고 사람들을 공동체와 결속시킵니다. 길을 가다가 가까이서 종소리가 들리면, 저는 기꺼이 멈춰 섭니다. 산에 오를 때도 이따금 인근 성당에서 치는 종소리를 듣게 됩니다. 울려 퍼지는 종소리는 골짜기들을 이어 주는 역할을 하고, 사람들로 하여금 멀리서도 침묵하게 합니다. 종은 언제나 하늘과 땅의 연결을 나타내는 상징이자 조화의 상징이었습니다.

종은 조화의 상징입니다.
종은 울리면서 평화를 일깨워 주고자 합니다.

종은 뭔가를 날아오르게 합니다. 온 세상이, 모든 생명체와 만물이 깨어나고, 하느님을 찬미하도록 초대받습니다. 종은 온 우주가 평화롭게 서로 일치하도록, 그리고 평화 가운데 함께 살도록 초대합니다. 종은 세상의 조화를 표현하고, 만물이 조화를 이루며 일치하는 데 기여합니다. 그 배후에는 다음과 같은 생각이 깔려 있습니다. 하느님이 천상에서 울려 퍼지게 하시는 소리가 모든 피조물에게 도달하고, 그것들을 평화로 이끌어야 한다는 생각입니다.

동시에 종은 우리가 하느님을 공경하도록 상기시켜 줍니다. 미사 시작 때에도 종이 울리면서 우리를 거룩한 행위에 초대합니다. 서양의 거의 모든 마을과 도시에서는 예로부터 하루에 세 번 바치는 삼종기도를 위한 종이 울립니다. 이에 따라 종은 하루의 리듬을 만들어 냅니다. 많은 성당에서는 15분마다 종을 치고, 완성의 때를 위해 울리는 종은 그때그때의 시각을 가리킵니다. 우리는 이것을 '의식하라'는 뜻으로 이해할 수 있습니다. 의식하며 산다는 것은 귀를 열고 우리가 흘려듣는 것에 주의를 기울인다는 뜻입니다. 다시 말해 세상을 새롭게 경험하는 것입니다.

종이 우리에게 선사하는 신비적인 것은 종이 떠올리게 하는 것과 밀접한 관련이 있습니다. 밖으로 보이는 행위가 전부는 아니라는 사실을 의식하도록 하는 것입니다. 종소리는 일상 한가운데서 우리를 뛰어넘으며 동시에 언제나, 어디서나 우리를 에워싸는 신비에 마음을 열게 해 줍니다. 하느님의 현존이 우리를 에워싸고 있음을 종소리가 의식시켜 주는 것이지요. 하느님은 아름다운 종소리로 부정적인 생각이 내는 소음을 몰아내고자 하십니다. 일상 한가운데서 우리가 다시 귀를 열고 당신의 음성을 들을 수 있도록 말이지요.

물

우리는 물 없이 살 수 없습니다. 물은 생명과 쇄신의 상징이자 문화와도 관련된 상징입니다. 물은 몸에 이로운 힘을 줍니다. 그리고 인간의 정신적 삶과 풍요로움도 표현합니다. 이런 이유로 물은 언제나 사람들을 매혹시킵니다.

오늘날 우리는 물이 필요할 때 수도꼭지만 틀면 됩니다. 그러면 수도관을 타고 물이 흘러나옵니다. 우리는 그 물로 씻을 수 있습니다. 그리고 목이 마르면 물을 마셔 갈증을 해소할 수 있습니다. 물은 이제 우리가 소비하는 상품이 되었습니다.

물은 사람들에게 언제나 매력을 발산했습니다. 어떤 이들은 몇 시간 동안 바닷가에 앉아 조수潮水의 힘을 관찰하고, 또 어떤 이들은 따뜻한 온천물에 몸을 담그기를 좋아합니다. 또 어떤 이들은 호숫가에 앉아 잔잔한 수면이 퍼뜨리는 고요를 느낍니다. 강변에 앉아 흐르는 강물을 바라보는 것은 또 다른 감정을 선사합니다. 흐르는 물을 보면서 내 안에서 희망이, 지금 내가 걱정하는 모든 것이 흘러가 버리리라는 희망이 움틉니다.

모든 문화권에서 물은 신성하고 정화합니다.

유다교나 그리스도교에서 물은 중요한 역할을 합니다. 파스카 성야 미사 때 바치는 세례수를 축복하는 기도는 물이 선물임을 상기시킵니다.

"주 하느님, 성사의 표징을 통하여 보이지 않는 힘으로 구원의 신비를 이루시니, 주님께서는 여러 가지 모양으로 물이 세례성사의 표징이 되게 하셨나이다. 하느님, 태초에 성령께서 물 위에 머물게 하시어 그때 이미 물이 거룩하게 하는 힘을 지니게 하셨나이다. 하느님, 홍수를 통하여 죄를 씻고 그 물의 신비로 생명을 되찾아 새로운 삶을 시작하는 세례를 미리 보여 주셨나이다. 하느님, 아브라함의 후손들이 마른 발로 홍해를 건너 파라오의 종살이에서 벗어나게 하시어 세례받은 새 백성의 예표로 삼으셨나이다. 하느님, 성자께서는 요르단강에서 요한에게 세례를 받으실 때 성령으로 축성되시고 …… 성령의 힘으로 외아드님의 은총을 이 물에 부어 주시어, 하느님의 모습으로 창조된 사람이 세례성사로 온갖 묵은 허물을 씻어 버리고 물과 성령으로 새로 태어나게 하소서. ……"

모든 문화권에서 중요하게 여기는 점이 있습니다. 물은 정화한다는 것입니다. 많은 종교에 정화를 위해 물로 씻어 내거나 또는 다른 방식으로 정화하는 예식이 있습니다. 이때 중요한 것은 신체적 정화뿐만 아니라 내적 정화입니다. 곧 죄를 비롯해 우리의 참된 자아를 더럽히고 흐리게 하는 모든 것에서 내적으로 깨끗해지는 것입니다. 외적 더러움뿐만 아니라 죄로 인한 더러움에서도 깨끗해지는 것은 인간의 근원적 욕구임에 틀림없습니다. 이러한 욕구는 세례식에서 '마귀와 죄를 끊어 버림'에 대해 물을 때 세례받는 이의 대답에서도 인지할 수 있습니다. 또한 우리는 성당에 들어설 때마다 성수를 찍어 십자 성호를 그으면서 세례받은 일을 상기합니다. 이렇게 우리는 물로써 우리의 근원적 광채를 흐리게 하는 모든 것에서 정화됩니다.

> 물의 신비를 인지하고 마시는 것에도
> 주의를 기울여 보세요.

그런데 우리는 일상에서 물을 어떻게 대하나요? 많은 사람이 물을 마시는 것을 너무나 당연하게 여깁니다. 물론 맥주나 포도주, 탄산 음료도 마실 수 있지만, 신선한 물을 마시는 것에는 특별한 가치가 있습니다. 우리는 물을 천천히 그리고 의식적으로 마시면서 하느님이 목마른 땅에 물을 부어 주신다는 성경 말씀(이사 44,3 참조)을 떠올립니다. 물은 우리가 열매를 맺도록 해 줍니다. 또한 우리는, 당신이 주시는 물을 마시면 영원히 목마르지 않을 것이라 하신 예수님 말씀(요한 4,14 참조)을 떠올리기도 합니다. 예수님이 주시는 물은 결코 마르지 않는 샘이 될 것입니다.

우리는 물을 바라보면서 하느님이 우리 삶을 풍요롭게 해 주시기를, 우리 삶의 광야에서도 샘이 솟고 우물이 우리의 메마른 광야를 흠뻑 적셔 주기를 갈망합니다. 하느님이 이스라엘 백성에게 약속해 주셨듯이 말입니다. "내가 선택한 나의 백성에게 물을 마시게 하려고 광야에는 샘을 내고 사막에는 강을 내리라."(이사 43,20)

이 말씀은 우리가 물을 주의 깊게 마시면서 그 물의 신비를 인지하는 데 도움이 됩니다. 우리는 단지 시원한, 맛이 좋은 음료를 마시는 게 아니라 생수를 마십니다. 그 생수 안에서 성령께서 우리 안으로 들어오고자 하십니다.

포도주

　어느 문화권에서든 포도주는 하늘과 땅의 선물로 통했습니다. 성경은 포도주를 하느님이 인간에게 주신 선물로, 그분이 호의적으로 주시는 모든 선물의 표상으로 이해합니다. 그러나 포도주에는 대지의 힘도 있습니다. 이 대지 위에서 포도나무가 자랐고 거기에 달린 열매로 포도주가 빚어졌으니까요.

　이제까지 여러 시인들이 포도주의 힘을 칭송했습니다. 영성 작가들도 포도주에 대한 찬미를 사랑과도 결부시켜 표현했습니다. 포도주는 사랑을 깊게 해 줍니다. 사랑하는 이들은 포도주를 마시면서 서로를 더 깊이 알게 됩니다. 예수님은 '카나의 혼인 잔치'(요한 2,1-12) 때 물을 포도주로 만드는 기적을 행하십니다. 요한 복음서에서 포도주는 하느님이 사람이 되셨음을 보여 주는 하나의 표상입니다. 하느님이 사람이 되시어 사람들과 함께 혼인 잔치를 즐기시고 아무 맛이 나지 않는 물을 포도주로 바꾸어 놓으십니다. 그리하여 삶은 새로운 맛, 사랑의 맛을 냅니다.

예수님은 비유를 들어 말씀하실 때 포도주를 예로 드셨습니다. 새로운 소식은 새 부대를 필요로 합니다. 새 포도주는 새 부대에 담아야 하듯 말입니다. 또한 예수님은 포도주에 새로운 의미를 부여하십니다. 최후의 만찬 때 포도주를 당신의 피와, 우리를 사랑하시어 십자가 상에서 돌아가시면서 흘리실 피와 동일시하신 것입니다. 그리하여 우리는 성찬례 때 포도주를 통해 사람이 되신 하느님의 사랑을 마시면서 그 사랑이 우리 안에 스며들게 합니다. 이제 우리는 우리가 큰 사랑을 받았음을 구체적으로 체험할 수 있습니다.

> 사람들은 누군가가 잘되기를 기원할 때에
> 포도주를 함께 기분 좋게 마실 수 있습니다.

사람들은 누군가가 잘되기를 기원할 때에, 다시 말해 그에게 호의적으로 대할 때에 포도주를 함께 기분 좋게 마실 수 있습니다. 사람들은 포도주 향을 맡으면서, 포도주를 함께 맛보면서, 그리고 포도주에 관해 말하면서 함께 즐깁니다. 분위기가 험한 가운데 마시는 것은 보통 싸움으로 비화됩니다. 그러므로 포도주를 마실 때에는 문화에 대한 이해와 모든 것을 빠르게 해치우지 않으려는 마음이 필요합니다. 또한 그 자리를 의식하는 일과 윤리적인 태도도 필요하지요. 상대방에 대한 호의와 사랑, 존중하는 자세가 필요합니다. 그렇게 될 때 우리는 서로 연결될 수 있습니다.

> 포도주를 올바르게 마시는 문화가 필요합니다.
> 그렇게 했을 때 하느님이 우리를 위해
> 포도주에 준비해 두신 선물을 깨닫게 될 것입니다.

포도주를 취하도록 마시는 사람, 인사불성이 될 정도로 연거푸 들이키는 사람은 포도주를 더 이상 자신을 다른 사람들과 이어 주는 것으로 체험하지 못합니다. 우리 마음을 즐겁게 해 주시려는 하느님의 선물로도 체험하지 못합니다. 집회서에서는 우리가 포도주(술)를 올바르게 즐길 수 있는 방법을 알려 줍니다. "술은 알맞게 마시면 사람들에게 생기를 준다. 술 없는 인생이란 도대체 무엇인가? 술은 처음부터 흥을 위해 창조되었다. 제때에 술을 절제 있게 마시는 사람은 마음이 즐거워지고 기분이 유쾌해진다. 술을 지나치게 마신 자는 기분이 상하고 흥분하여 남들과 싸우게 된다. 만취는 미련한 자의 화를 돋우어 넘어뜨리고 기운을 떨어뜨려 그에게 상처를 입힌다."(집회 31,27-30)

우리는 함께 포도주를 마시면서 이 모든 것을 생각해야 합니다. 그렇게 했을 때 하느님이 우리를 위해 포도주에 준비해 두신 선물을 깨닫게 될 것입니다.

빵

빵은 수천 년 전부터 사람의 기본 양식입니다. 빵과 물이 있다는 것은 우리가 살 수 있다는 뜻이지요. 빵과 소금은 복지를 상징하고, 빵과 포도주는 사람들이 축제를 벌이며 친교를 이룬다는 것을 가리킵니다. 따라서 빵에는 영적, 의식적 의미가 있습니다.

빵에 관한 오래된 지혜에는 영적 의미가 있습니다.

고대 시대에는 곡물 및 식물을 관장하는 신들이 있었습니다. 독일의 여러 지역에서도 대중 신심의 오랜 관습에 따라

대지의 풍요로움에 경외심을 지니고 있으며, 우리 인간에게 중요한 양식의 종교적 연관성도 알고 있습니다. 이러한 연관성에 대한 앎은 날씨를 내다보는 방법과 삶의 지혜가 표기되어 있는 농부용 달력에 그 흔적이 오랫동안 남아 있었고, 교회 전례력에서도 볼 수 있습니다. 티롤Tirol 남부 지방의 농촌에서는 성금요일에 거행되는 십자가 경배 때 십자가 위에 곡물을 뿌렸습니다. 그리고 주님 부활 대축일에는 지금도 많은 지역에서 빵과 햄을 축복받습니다.

탄생 때부터 죽을 때까지 빵은 농부들과 함께했습니다. 빵을 내던지는 것은 악행으로 간주되었고, 일부 지역에서는 바닥에 떨어진 빵을 얼른 손으로 주워 올려 그것에 입을 맞추었습니다. 농부의 아내가 빵을 구울 때 반죽한 것에 십자 표시를 긋는다면, 그것은 매일 먹는 빵을 축복한 것일 뿐만 아니라 삶 자체도 축복한 것입니다.

아우구스티노 성인은 빵이 구워지는 과정에서 인간에 대한 표상을 봅니다. 우리도 하느님에게서 받은 것, 그 씨를 뿌려야 합니다. 우리에게는 태양과 비가 필요합니다. 내적 인간으로 성장할 수 있기 위해서입니다. 우리는 베어지고 거두어집니다. 그런 다음 우리 삶의 맷돌 속으로 들어가 빻아지고, 마지막에는 고통의 불 속에서 구워집니다. 결국, 우리는 살면서 스스로 사람들의 양식인 빵이 됩니다.

> 성경은 빵의 표상에서 삶에 대한 통찰을 전합니다.

사람들은 빵이 가리키는 자기 자신에 대한 상징을 성경에 나오는 밀알의 표상에서 알 수 있습니다. 밀알 하나가 땅에 떨어져 죽어야 많은 열매를 맺습니다. 예수님께 이는 십자가 상에서 맞이한 당신의 죽음을 가리키는 표상입니다. 그분 친히 사람들을 참으로 먹이시는 빵이 되십니다(요한 12,24 참조).

구약 성경에서 빵은 중요한 역할을 합니다. 이스라엘 백성은 광야를 통과하면서 하느님이 하늘에서 빵을 내려 주셨음을 알았습니다. 광야 위에 깔려 있는 알갱이를 보고 그들은 서로 물었습니다. "이게 무엇이냐?" 그들은 자신들을 먹여 살린 이 양식을 '만나'라 불렀습니다. 그것은 하늘의 빵 또는 기적의 빵을 상징합니다. 또 다른 경우에는 천사들의 빵을 상징하는데, 시편에 "천사들의 빵을 사람이 먹었다."(시편

78,25)라고 나옵니다. 시편 104편에는 빵이 "인간의 마음에 생기를 돋운"(시편 104,15)다고 나와 있습니다.

신약 성경은 빵의 기적에 관해 여섯 번 언급합니다. 예수님이 몇 개 안 되는 빵으로 오천 명 이상을 먹이신 사건은 제자들에게 중요한 경험이었습니다. 예수님은 빵을 쪼개시어 그것을 사람들에게 나누어 주십니다. 그런 가운데 빵은 사람들이 먹고 남을 만큼 그 양이 충분히 늘어납니다. 빵의 기적에서 복음사가들은 성찬례를 가리키는 표상을 보았습니다.

> 성찬례에서 빵은 새로운 가치를 얻습니다.

예수님은 친히 빵에 새로운 의미를 부여하십니다. 최후의 만찬 때 그분은 빵을 떼어 제자들에게 주시며 말씀하십니다. "이는 너희를 위하여 내어 주는 내 몸이다. 너희는 나를 기억하여 이를 행하여라."(루카 22,19) 예수님은 빵의 형상으로 당신 자신을 주시고, 제자들에게 당신을 내어 주십니다. 그분은 그들을 위해 음식이 되십니다. 쪼개진 빵은 그분의 죽음을 가리킵니다. 그분은 우리를 위해 돌아가시면서 부서지십니다. 우리가 살면서 부서지지 않도록 그렇게 하신 것입니다. 그래서 루카 복음사가는 성찬례를 일컬어 '빵을 떼는 것(쪼개는 것)Brotbrechen'이라고 부릅니다.

요한 복음서에서 예수님은 빵에 관해 길게 말씀하십니다. 빵의 기적 후 그분은 사람들이 당신을 임금으로 삼으려 한다는 것을 아시고, 뒤로 물러나셨습니다. 그리고 나중에 카파르나움 회당에서 사람들에게 빵의 참된 의미를 말씀하십니다. 이때 그분은 당신 자신을 빵에 비유하십니다. 사람들이 그 빵을 달라고 청하자, 예수님은 이렇게 이르십시다. "내가 생명의 빵이다. 나에게 오는 사람은 결코 배고프지 않을 것이며, 나를 믿는 사람은 결코 목마르지 않을 것이다."(요한 6,35) 요한 복음사가에게 성찬례는 우리가 예수님을 하늘에서 내려 주는 빵으로 받아 모시는 장입니다. 우리가 빵을 먹고 그것이 우리 몸 안으로 들어가듯이, 예수님을 우리 안에 받아 모셔야 그분이 우리의 몸과 영혼에 스며드실 수 있습니다. 그러면 우리는 다른 사람들에게 복이 되고 열매도 될 수 있을 것입니다.

탁자

탁자는 네 개의 다리로 떠받쳐 수평을 이룬 넓은 판이 딸린 가구, 그 위에서 작업하거나 음식을 먹거나 물건을 내려놓는 데 사용되는 가구입니다. 하지만 탁자는 사회적 역할을 하며, 예로부터 공동체를 가리키는 중요한 표상이기도 합니다.

오늘날에도 탁자는 공동체와 유대를 상징합니다. 사람들은 식탁에 둘러 앉아 함께 식사하면서 바람직한 대화도 나눕니다. 사람들은 낯선 이를 초대하여 함께 앉게 하고 식탁 공동체를 이룹니다. 식탁은 가족과 둘러 앉아 함께 나눈 식사를 떠올리게 합니다. 그렇기에 정서적 성격을 띱니다. 식탁은 가족을 한자리에 모이게 하고, 공동체를 밖으로도 개방하게 합니다. 가족이 손님을 환대하는 곳이자 손님들을 통해 풍요로움을 경험하는 장소이기 때문입니다.

거룩한 식탁 공동체와 제대는 영적 공간입니다.

루카 복음사가는 예수님이 많은 사람과 함께 식사하셨다고 거듭 언급합니다. "세리들과 다른 사람들이 큰 무리를 지어 함께 식탁에 앉았다."(루카 5,29) 예수님은 어느 바리사이의 집에도 들어가 "식탁에 앉았습니다."(루카 7,36 참조) 주인이 와서 볼 때에 깨어 있는 종들과 관련해서는 이렇게 말씀하십니다. "그 주인은 띠를 매고 그들을 식탁에 앉게 한 다음, 그들 곁으로 가서 시중을 들 것이다."(루카 12,37) 우리가 식탁에 앉으면 그분이 친히 우리를 시중드시며 우리를 위해 식사를 준비하십니다. 그 음식은 하느님이 주신 선물입니다. 우리는 그 음식을 먹으며 하느님의 자비와 사랑을 느끼고 맛볼 수 있습니다.

그러나 일상에서는 식탁에서 말다툼이 벌어지기도 합니

다. 음식 투정도 부리지요. 우리 내면에서는 종종 부정적인 감정이 올라옵니다. 우리는 그것을 저지할 수 없지만, 그 부정적인 감정에 대응해야 할 책임이 있습니다. 식탁에 앉아 자신의 부정적인 감정이 폭발하게 놔두면, 그것은 식탁 공동체를 파괴하는 것입니다. 그러므로 주의 깊게 식사하고 성경과 영적 전통이 식탁에 관해 우리에게 전해 준 바람직한 표상들을 떠올리는 것이 좋습니다. 그러면 부정적인 감정이 표출되지 않을 것입니다. 식탁은 우리를 위해 준비해 둔 거룩하고 아름다운 것과 연결되어 있으니까요. 감사하는 공동체는 함께 하느님이 주신 좋은 선물을 누릴 수 있고, 이렇게 누리는 것은 유쾌한 대화로도 이어집니다.

초기 그리스도교 공동체는 '주님의 식탁'에 모여 성찬식을 기념했습니다. 그리스도인들이 4세기부터 성전을 튼튼한 공적 건축물로서 짓기 시작하면서 나무로 만든 가벼운 식탁 대신 돌처럼 견고한 재료로 만들어지고 바닥에 붙박아 놓은 제대가 점차 등장하게 되었습니다.

그리스도교에서 식탁은 예수님이 제자들과 나누신 최후의 만찬을 통해 특별한 중요성을 지닙니다. 여기서 식사는 그분이 십자가 위에서 바치신 당신의 희생을 가리키는 상징, 죽음보다 강한 당신의 사랑을 가리키는 상징이 되었습니다. 예수님은 부활 후 엠마오로 가는 제자들과 함께 다시 한번 식탁에 앉으십니다. 모든 식탁 공동체는 부활하신 분이 우리와 함께 식탁에 앉으심을 상기할 수 있습니다. 예수님은 우리에게 빵을 떼어 주셨고, 우리를 위해 당신 자신을 바치셨습니다. 우리가 당신의 사랑으로 살아갈 수 있도록 그러신 것입니다. 또한 그분은 우리가 잘 살도록 희망을 주십니다. 우리가 지금 어렵고 힘든 시기를 보내고 있을지라도 말이지요.

의자

고대 게르만족은 통상적으로 평범한 긴 의자에 앉았습니다. 고상하고 아름답게 장식된 안락의자는 왕만 앉을 수 있었습니다. 왕은 높은 좌석, 옥좌에 앉았습니다. 재판석도 특별한 의미를 지닙니다. 성경은 종종 재판석에 관해 언급합니다. 빌라도도 재판석에 앉았습니다(요한 19,13 참조). 유다인들은 바오로 사도를 재판석 앞으로 끌고 갔습니다. 그를 고발하여 죽이려고 그런 것이지요. 바오로 사도는 우리 모두가 그리스도의 재판석 앞에 반드시 서게 될 거라며 경고합니다. 우리가 지상에서 행하고 말했던 것이 거기서 드러날 것입니다. 예수님은 "모세의 자리"(마태 23,2)에 앉아 있는 바리사이들을 꾸짖으십니다. 그들은 자기네 권한이 아닌 것을 주제넘게 합니다. 그러나 예수님은 당신 제자들에게, 그리고 우리 모두에게 약속하십니다. "너희는 내 나라에서 내 식탁에 앉아 먹고 마실 것이며, 옥좌에 앉아 이스라엘의 열두 지파를 심판할 것이다."(루카 22,30)

> 의자는 왕좌에 앉음, 통치, 품위, 자유의 표상과
> 연관이 있습니다. 또한 내적 평화, 투명성,
> 견고함의 표상과도 연관이 있습니다.

의자에 앉는 것은 고대 시대에 숭고한 것을 의미합니다. 우리가 왕의 위엄을 나누어 받는 것입니다. 그리스도인에게 그것은 예수님과 함께 왕좌에 앉아 있다는 뜻입니다. 우리는 자신의 기분에 좌우되지 않고 똑바로 앉아 자신의 품위를 인지합니다. 그러나 의자에 의식적으로 그리고 똑바로 앉아야만 그것을 체험할 수 있습니다.

주의 깊게 자리에 앉는 것, 그리고 성경과 영적 전통이 제공하는 좋은 표상을 떠올리는 것은 우리를 유익하게 합니다. 왕좌에 앉음, 통치, 품위, 자유의 표상과 내적 평화, 투명성, 견고함이 그렇습니다. 그렇게 좋은 표상을 떠올리면, 우리가 의식적으로 그리고 주의 깊게 앉을 때마다 의자에 앉는 것과 자신의 내적 품위를 인지하는 것이 무슨 뜻인지 알게 될 것입니다.

초

예로부터 초는 사람들의 마음을 특별히 끌었습니다. 초는 빛을 상징하고, 이로써 생명을 상징합니다. 우리는 특히 대림 시기에 타오르는 촛불을 바라보며 평화를 얻기도 합니다.

촛불은 부드럽습니다. 현란한 네온사인과 달리 촛불은 어둠 속에서도 많은 것을 비춥니다. 거기에는 빛과 그림자가 있습니다. 초가 밝히는 빛은 따뜻하고 마음을 편안하게 해 줍니다. 초는 구석구석까지 비출 수 있는 광원光源이 아닙니다. 오히려 초는 신비스러움, 따뜻함, 다정함이 깃든 빛을 내는 것입니다.

촛불은 주위를 밝게 비출 뿐만 아니라 따뜻하게도 해 줍니다. 촛불은 온기로 방 안에 사랑을 퍼뜨립니다. 촛불은 우리 곁에 있는 사람들의 사랑보다 더 깊고 신비로운 사랑을 줍니다. 그렇게 우리 마음을 채워 줍니다. 이 빛이 마음속에 들어올 때 우리는 자신이 사랑받는 존재라고 생각할 수 있습니다. 또한 이 사랑이 우리 안에 있는 모든 것을 받아들이도록 이끈다고 생각할 수 있습니다.

촛불은 심지가 타면서 유지됩니다. 이는 자신을 태우는 사랑에 대한 하나의 표상입니다. 심지가 있기에 초는 자신을 태울 수 있습니다. 그러나 이따금 심지를 적당히 잘라 내야 합니다. 그렇지 않으면 불꽃이 치솟고 그을음도 생깁니다. 사랑도 마찬가지입니다. 너무 요란한 사랑, 진이 빠지는 사랑이 있습니다. 그런 사랑은 본인에게는 물론, 상대방에게도 유익하지 않습니다. 상대방은 사랑에서 그을음, 저의, 과도한 기대와 이익을 알아챕니다. 이는 밝게 하는 게 아니라 오히려 그을음을 냅니다.

타오르는 초는 무언의 기도입니다.

초에는 두 가지 요소가 있습니다. 우선 초는 불꽃을 냅니다. 불꽃은 하늘로 향하므로 정신적인 것을 상징합니다. 사막에서 살았던 수도 교부들은 기도할 때 손가락을 촛불 속에 집어넣었다고 합니다. 이처럼 타오르는 초는 우리가 바치는 기도를 가리키는 표상입니다. 순례자들은 대개 성지에서 초에 불을 붙여 제단이나 성모상 앞에 놓습니다. 이로써 그들은 자신의 믿음을 표현하고, 초가 타는 동안 기도를 바칠 수 있습니다. 그리고 자신이 바치는 기도를 통해 자신의 삶에 빛이 비치기 바라고, 초에 불을 붙인 이들의 마음속에도 빛이 비쳐 들기를 바랄 수 있습니다. 사실 타오르는 초는 무언의 기도입니다. 이는 우리가 누군가를 위해 초에 불을 붙일 때 드러나는 가장 깊은 갈망입니다. 우리는 그 사람의 삶이 더 밝아지고 더 따뜻해지기를, 하느님의 사랑이 그 사람 안에 흐르는 냉기를 없애 주기를, 빛이 온갖 어둠을 몰아내 주기를 바랍니다.

우리 몸 안에서 하느님의 빛이 이 세상에 비추고자 합니다.

초대 교회에서 초는 하느님이시자 인간인 그리스도를 가리키는 상징이었습니다. 심지는 그분의 인성을 가리킵니다. 그분은 우리를 위해 사랑으로 당신 자신을 헌신하셨습니다. 우리를 위해 당신 자신을 태우신 것입니다. 불꽃은 그분의 신성을 상징합니다.

우리가 대림 시기와 성탄 시기에 불을 붙이는 초는 예수 그리스도 안에서 사람이 되신 하느님의 신비도 떠올리게 합니다. 초 안에 그리스도가 친히 우리 가운데 계십니다. 우리는 초를 통해 이를 느낄 수 있습니다. 그리스도가 당신의 빛으로 우리 집과 우리 마음을 밝혀 주시고, 당신의 사랑으로 따뜻하게 해 주신다는 것을! 예수님의 신성은 바로 당신의 인성에서 빛납니다. 그러므로 초는 우리가 세상에 태어나 사는 것의 신비도 드러냅니다. 우리 몸 안에서 하느님의 빛이 이 세상을 비추고자 합니다. 우리는 다른 사람들을 위해 빛이 될 수 있습니다. 그 빛이 초처럼 부드럽게 자기 자신을 바라보려 하지 않는 이들을 비출 것입니다. 그렇게 되면, 우리는 초처럼 그들을 위해 생명과 사랑의 샘이 될 것입니다.

그렇지만 기도하거나 묵상하기 위해서만 초에 불을 붙이

는 것은 아닙니다. 파티를 열 때에도 초에 불을 붙이지요. 가족의 생일에도 초에 불을 켭니다. 우리가 초에 불을 붙이는 계기는 정말 많습니다. 우리가 초에 불을 붙이는 것 자체를 하나의 의식으로 삼는 것도 좋을 것입니다. 의식적으로 초에 불을 붙여 보세요. 우리 안에서, 우리가 초에 불을 붙이며 떠올린 이들 안에서, 그리고 이 타오르는 초 주위에 모인 이들 안에서 빛이 더 밝고 더 따뜻해지도록 말입니다.

십자가

벽에 십자가가 걸린 집이 많습니다. 그러나 우리는 대개 십자가에 주의를 기울이지 않습니다. 몇 년 전에 십자가는 좋지 않은 평판을 받기도 했습니다. 마치 그리스도교의 공격성이 느껴지는 듯하다고, 고통을 칭송하는 듯하다고 여겨진 것이지요. 그렇지만 십자가는 초기 그리스도인들에게 자유와 사랑의 상징이었습니다. 요한 복음사가에 따르면, 예수님은 우리를 끝까지 사랑하셨고(요한 13,1 참조), 십자가 위에서도 우리를 사랑스럽게 감싸 안아 주십니다(요한 12,32 참조). 그러므로 우리가 사는 집에 걸려 있는 십자가는 우리가 그 앞에 앉도록, 그리고 스스로를 묵상하도록 초대합니다.

우리는 십자가에 달리신 예수 그리스도가 팔을 벌려 우리 안에 있는 모든 것을 감싸 안아 주신다고 상상할 수 있습니다. 십자가는 우리의 온갖 대립적인 면, 강함과 약함, 건강한 면과 병든 면, 밝은 면과 어두운 면, 신뢰와 불안을 감싸 안도록 그리고 우리를 전적으로 받아들이도록 초대합니다. 그리고 우리는 십자가를 묵상하면서 그리스도가 우리 안에 있는 모든 상처를 감싸 안아 주신다고도 상상할 수 있습니다. 이제 우리는 그리스도와 함께 우리 안에 있는 상처받은 아이, 오늘날에도 종종 상처받는 그 아이를 감싸 안을 수 있습니다. 이는 우리 안에 있는 그 아이를 달래 주고, 그 아이의 상처를 서서히 진주로 바꿉니다.

나아가 십자가는 초기 그리스도인들에게 보호의 표지였습니다. 우리가 사는 집에 걸린 십자가도 하느님의 보호를 가리키지요. 우리는 집에서 하느님의 보호를 체험합니다. 우리를 괴롭히는 생각과 감정에서 보호받는 것입니다. 그리고 하느님의 보호로 가족 간의 다툼과 불화가 생기지 않을 거라고 믿습니다.

십자가는 보호의 표지이자
고통의 극복을 가리키는 상징입니다.

  십자가에 달리신 예수님은 판결받는 것, 구타당하는 것, 굴욕당하는 것, 사람들 앞에서 십자가에 달리는 것, 사람들의 시선을 받는 것, 괄시받는 것이 무엇인지 몸소 겪으셨습니다. 그렇지만 그분은 살인자들에 의해서도, 당신을 조롱하는 이들에 의해서도 마음이 흔들리지 않았습니다. 그분은 심지어 당신을 죽이는 이들을 위해 기도하셨습니다. 루카 복음사가에게 예수님은 진정한 의인, 그 누구에 의해서도 내적 중심을 잃지 않는 의인이십니다. 우리는 이렇게 의로우신 예수님을 바라보면서 올바르게 되고 하느님께로 향합니다. 그리고 우리를 공격하고 상처 주는 이들에게서 벗어납니다. 그러므로 십자가는 희망의 표지입니다. 십자가를 바라보며 고통은 우리를 무너뜨리는 게 아니라, 죽음보다 강한 사랑을 향해 출발하게 하는 것임을 알게 됩니다.

시계

영성 프로그램에서 참가자들에게 그들이 지닌 특별한 물건에 강복해 주겠다고 말하면, 제대 위에 시계가 많이 놓입니다. 사람들은 자신의 시계를 강복받고 싶어 하지요. 강복은 우리가 체험하는 매 순간이 축복받았음을, 축복받은 시기에 살고 있음을 표현한 것입니다. 시계는 우리가 지금 이 순간을 온전히 살아야 함을 상기시킵니다.

우리는 우리가 사는 모든 순간이
이미 하느님의 축복을 받았음을 의식합니다.

시계는 시간의 신비도 떠올리게 합니다. 시간은 우리에게 '크로노스chronos', 우리를 다 먹어치우는 시간일 수 있습니다. 고대 그리스의 신 크로노스가 자식들을 모두 먹어치웠듯이 말이지요. 그렇게 되면 시간 측정기, 시계가 우리의 시간을 규정합니다. 일정이 빽빽이 짜인 시간은 우리에게 늘 시간이 없다는 마음을 들게 합니다. 대안은 나를 위한 시간 '카이로스kairos', 즉 편안한 시간입니다. 나의 시간이 크로노스냐, 카이로스냐 하는 것은 자신에게 그리고 마음가짐에 달렸습니다. 우리가 이 순간에 완전히 몰입하면, 바로 지금 이 순간에 있는 것보다 더 중요한 것이 아무것도 없다면, 나를 위한 시간은 편안한 시간, 카이로스가 됩니다. 그러나 자신을 압박하고 모든 순간을 다 이용하려 하고 계속 시계를 들여다보며 다음 일정에 들어갈 시간이 아닌지 확인하면, 나를 위한 시간은 나를 먹어치우는 크로노스가 되고 맙니다.

여기서도 중요한 것은 시선입니다. 우리가 누군가와 대화를 나누면서 자꾸 시계를 들여다보면, 이로 인해 상대방은 불편합니다. 그는 상대방이 자기를 위해 시간을 낼 수 없다고, 대화를 중단하고 싶어 한다고 여길 것입니다. 반면에 우리가 시계를 다정하게 바라보면, 시계는 이 순간이 축복된 시간임을 상기시켜 줍니다. 강복을 받은 시계는 우리가 사는 모든 순간이 하느님의 축복을 받았음을 상기시켜 줍니다. 우리가 그것을 의식한다면 시간을 다르게 체험할 것입니다. 그러면 시간은 나의 시간이, 나 자신과 또 내가 만나는 사람들에게 축복이 될 것입니다.

문

우리는 날마다 많은 문을 열고 들어갑니다. 관공서의 담당자가 있는 부서로 들어갈 때는 문을 두드립니다. 지인의 집 앞에 도착하면 벨을 누르면서 기다립니다. 그러면서 그가 집에 있어 문을 열어 줄지 마음을 졸입니다. 우리는 문에 거의 주의를 기울이지 않을 때가 많습니다. 많은 사람을 만나 대화를 나누는 프로그램을 마치고 수도원에 돌아와 제 방 앞에 서서 문을 열 때면 저는 마음이 편해집니다. 문이 저를 다른 사람들에게서 보호해 준다는 느낌이 들지요. 우리는 문을 열고 자기 자신에게 속하는 영역으로 들어갑니다. 물론 이 영역이 우리를 완전히 보호해 주지는 않습니다.

누군가가 전화로 연락한 뒤 문을 두드리고 방으로 들어올 수도 있으니까요.

우리는 누군가가 문을 연다고 말합니다. 그는 경계를 정하지 않습니다. 다른 사람들은 우리에게 문을 열어 주고 난관을 극복하도록 도와줍니다. 그래서 우리는 그들과 관계를 맺을 수 있습니다. 영적 전통에서 문은 언제나 이승에서 저승으로, 세속적 영역에서 거룩한 영역으로 건너감을 의미했습니다. 수도원의 봉쇄 구역에서 저는 거룩한 영역을 인지합니다. 문은 저를 사적 영역으로 이끌어 줍니다. 우리 수도자들은 통상적으로 다른 수도자의 방에 가지 않습니다. 그곳은 그 수도자의 사적 영역입니다. 중세 수도자들은 "내 방은 하늘이다Cella est coelum."라는 문구를 만들어 냈습니다. 이는 '내 방에서 나는 하느님 앞에 그리고 하느님과 함께 있다.'라는 뜻입니다. 이에 따라 문은 거룩한 영역으로 저를 이끌어 줍니다.

큰 건물에 들어가면 많은 문을 지나게 됩니다. 모든 문은 우리를 가장 중요한 공간으로 더 깊숙이 이끌어 줍니다. 오래된 수도원에 가면 예술적으로 장식된 장중한 문을 마주치게 됩니다. 예술가들은 봉쇄 구역으로 들어가는 문을 장식하는 데 많은 노력을 기울였습니다. 성당으로 들어가는 문은 대부분 더 예술적으로 장식되어 있습니다. 당신 자신을 두고 "나는 문이다."(요한 10,9)라고 말씀하신 예수 그리스도가 묘사된 문도 많습니다. 예수님은 양들이 풀을 뜯기 위해 들어가는 문이십니다. 또한 그분은 우리가 구원되기 위해 들어가야 하는 문이십니다. 그러므로 예수 그리스도는 생명으로, 참된 생명으로 가는 문이십니다.

> 예수님은 당신 자신과 동일시하신 문이 참된 생명으로,
> 우리가 온전히 우리 자신으로 있게 되는 생명으로
> 이끌어 준다고 우리에게 약속하십니다.

문을 깊이 묵상하다 보면 예수님의 신비스러운 말씀에 관해 깨닫게 됩니다. 문은 우리를 새로운 공간으로 이끕니다. 예수님은 당신 자신과 동일시하신 문이 참된 생명으로, 우리가 온전히 우리 자신으로 있게 되는 생명으로 이끌어 준다고 우리에게 약속하십니다. 우리는 우리 자신을 발견하기 위

해, 참된 자아를 발견하기 위해 이 문을 열고 들어갈 수 있습니다. 우리가 매일 많은 문을 지나면서 예수님의 이 말씀을 생각하면 문을 열고 지날 때마다 주의를 기울이게 될 것입니다. 이제 우리는 새로운 공간으로 들어간다고, 내가 온전히 나 자신으로 있고 싶은 공간으로, 나에게 생명으로 가는 문을 가리켜 줄 수 있는 사람들을 만나는 공간으로 들어간다고 상상할 수 있게 되는 것입니다.

4장

자연의 매력

보다 더 큰 것과 연결되어

✱

아버지가 아들에게 왜 항상 숲에 가느냐고 물었다.
"하느님을 찾으러 가요."
"하느님은 어디에나 계시지 않니?"
"물론이죠. 하지만 제가 어디에나 다 있는 건 아니잖아요."

— 엘리 위젤 (미국의 유다인 작가)

초기 그리스도인들에게 자연은 하느님의 책, 모든 사람이 읽을 수 있는 책이었습니다. 계몽주의 시대에 와서야 사람들의 시선은 글로 쓰인 책으로 향했지요. 종교는 점점 더 하느님에 관한 앎을 사람들에게 전해 주고자 철학이 되었습니다. 그렇지만 이 같은 앎은 매우 추상적이었습니다. 19세기에야 비로소(예컨대 낭만주의에서) 반대 운동이 싹텄습니다. 이 시기에 미술은 새로운 방식으로 자연을 표현했고, 영성 분야에서도 자연을 새롭게 인지하는 운동이 일기 시작했습니다. 미국의 철학자 랠프 월도 에머슨Ralph Waldo Emerson은 자연에 관한 한 에세이에서 숲을 산책한 것을 기술합니다. 숲길을 걸으며 그는 "위엄과 거룩함"을 인지하고, 자신이 "하느님의 한 조각"임을 느낍니다. 그에게 자연 체험은 "인간이 경건한 마음을 지닌 가운데 마주하는 계시"입니다.

자연은 우리가 하느님과 가까움을 체험하는 장소입니다. 자연 속에 있을 때 우리 마음이 깊이 움직일 수 있습니다. 자연 속에서 우리는 온갖 경직된 것을 부수는 힘, 활력을 느낍니다. 우리는 자연을 지나가면서 이 활력을 우리 주변에서뿐만 아니라 우리 안에서도 느낍니다. 그것은 결국 하느님의 영입니다. 하느님의 영이 자연 속으로 스며들면서 우리를 활기차게 해 주십니다. 자연에서 희망의 빛이 우리에게 비칩니다. 온갖 경직된 것이 다시 생기 넘치게 되리라는 희망, 소진된 모든 것이 활력을 되찾으리라는 희망의 빛이 비칩니다.

우리는 자연 속에서 안정감을 느끼고, 자신이 자연의 일부임을 깨닫습니다. 자연은 우리를 길러 주는 위대한 어머니, 우리를 지켜 주고 받아들이며 안정감을 선사하는 위대한 어머니와 같습니다. 우리는 있는 그대로 자연 속에 있으면 됩니다. 우리가 누구인지 증명할 필요가 없습니다. 그저 자연에 나를 내맡기고, 그런 가운데 삶에 나를 내맡깁니다.

그리고 하느님께 나를 내맡겨 드립니다. 우리는 있는 그대로의 모습으로 그분의 피조물, 생기와 사랑을 가득 받은 그분의 피조물입니다. 우리는 정상에 오른 체험과 바닥으로 내려간 체험과 함께, 우리 안의 어둠과 빛과 함께 그대로 있어도 됩니다.

이러한 체험에 관한 것을 아시시의 프란치스코 성인이 우리에게 전해 주었습니다. 성인은 자연을 노래했습니다. 성인이 노래한 '태양의 찬가'도 널리 알려져 있지요. 세상 만물이 성인이 해, 달, 물, 불에서 만난 하느님의 무한한 선하심을 표현하는 비유가 됩니다. 프란치스코 성인에게 자연은 하느님을 체험하는 중요한 장소였으며, 이러한 영성은 오늘날에도 많은 사람의 마음을 사로잡습니다. 이 장에서는 프란치스코 성인의 전통에 비추어 자연 속에서 하게 되는 영적 체험에 대해 나누겠습니다.

영혼에게 힘을 주는 장소

 저는 강연을 위해 차를 몰고 가면서 다양한 경치를 바라봅니다. 고속도로를 달릴 때는 자연의 아름다움을 느끼기가 어렵기에 시간이 충분할 때면 국도를 달립니다. 국도를 달리면 경치의 특색을 더 많이 느낄 수 있습니다. 또한 들판을 걷다가 그 아름다움을 향유하기 위해 멈추어 설 때면 자연을 더 깊이 체험하게 됩니다. 그러면서 시야가 새롭게 열립니다. 자연에는 자유로운 공간이 있지만, 정착된 공간이 있습니다. 사람들이 가꾼 공간이 있는가 하면, 천연 그대로의 공간이 있습니다. 자연에는 산과 계곡, 강과 들이 있습니다. 자연에는 부드러운 언덕과 가파른 절벽이 있습니다. 나무들은 제각기 서 있기도 하고 숲을 이루기도 합니다. 거친 풍광이 있는 반면, 마음에 감흥을 일으키는 멋진 정경도 있습니다.

> 자연을 바라보면서 우리는 마음이 평온해집니다.
> 그런 가운데 침묵의 소리도 들을 수 있습니다.

무르나우Murnau에 사는 여동생 집에서 휴가를 지내는 동안 제게 하루 일과처럼 된 일이 있습니다. 인근 호수에서 수영을 한 뒤 야트막한 언덕에 오르는 것이지요. 그 언덕에는 작은 경당이 있는데 그 경당 앞에는 벤치가 있습니다. 저는 그 벤치에 앉아 아래에 펼쳐진 경치를 말없이 바라봅니다. 경관이 아름답기 그지없습니다. 이 자연이 평화, 드넓음, 아름다움을 전해 줍니다. 자연은 힘을 주는 장소입니다. 자연은 쉬고 바라보고 침묵하는 데 특별한 장소입니다. 자연을 바라보면서 저는 마음이 평온해집니다.

제가 특별히 좋아하는 장소는 무르나우 습지에 있는 연못입니다. 저는 자전거를 타고 달리다가 방향을 돌려 초원을 지나 작은 언덕으로 올라갑니다. 거기에도 벤치가 놓여 있습니다. 저는 그 벤치에 앉아 연못을 바라봅니다. 눈앞에 펼쳐진 풍경은 참 평화롭습니다. 정적이 감돕니다. 오직 풀벌레 소리만 들립니다. 하지만 풀벌레 소리는 침묵을 방해하지 않습니다. 오히려 침묵의 소리를 들을 수 있습니다.

저는 여기에 그냥 앉아 있는 것이 제게 얼마나 유익한지 의식합니다. 제 안에서 솟는 모든 감정과 함께 저는 이 손대지 않은 자연 속에 잠겨 있습니다. 아무것도 이룰 필요가 없고, 아무것도 입증해 보일 필요도 없습니다. 그 자리에 그냥 앉아 있는 것, 침묵하는 것, 이 장소가 선사하는 침묵을 의식하는 것으로 족합니다.

그렇게 경치를 바라보면서 제가 자연의 일부임을 느껴 봅니다. 동시에 저는 자연을 관찰하고 바라봅니다. 바라보면서 바라보는 대상과 하나가 됩니다. 이렇게 그냥 앉아 있는 것과 바라보는 것은 제게 이미 묵상입니다. 저는 여기서 하느님의 활기, 하느님의 아름다움에 둘러싸여 있다고 느낍니다.

> 우리는 어디에서나 하느님이 지어 내신
> 창조 세계의 아름다움을 접합니다.

모든 경치에는 고유한 아름다움이 있습니다. 우리는 아름다운 경치에 감명을 받으면서 우리가 바라보는 대상과 하나가 됩니다. 사랑의 눈으로 바라보는 경치는 참으로 아름답습니다.

소유하거나 독차지하려는 마음을 품지 않고 있는 그대로 바라볼 때에만 우리는 아름다운 것을 발견할 수 있습니다. 아름다운 경치도 먼저 단순히 바라보고 관찰해야 합니다. 자연은 수백 년 전부터 그 자리에 있습니다. 그러나 우리가 자연을 관찰할 때에만, 그리고 그 신비를 말로 표현하고 글로 쓸 때에만 자연을 실제로 체험할 수 있습니다. 저는 친구들과 여행하면서 경치를 더 깊이 체험합니다. 우리는 가던 길을 멈추고, 우리가 바라보는 대상을 말로 표현하며 서로 설명하고자 애씁니다. 이때 두 가지 방법이 있습니다. 함께 침묵하며 바라보는 것, 그리고 우리가 바라보는 것을 글로 적고 경치의 아름다움을 말로 표현하는 것입니다.

매우 정겨운 경치도 새롭고 특별하게 바라볼 수 있습니다. 우리는 어디에서나 하느님이 지으신 창조 세계의 아름다움을 다양한 방식으로 접합니다. 우리는 경치를 바라보며 그 아름다움을 발견하고 마음이 편안해집니다. 그리고 영혼 깊은 곳에서 솟구치는 기쁨이 의식 속으로 흘러들어 옵니다.

쉼의 오아시스

도심을 지날 때면 배기가스로 인해 공기가 탁하다고 느낍니다. 현란한 색들로 도배된 광고판들이 요란하게 번쩍거리고, 차들도 쏜살같이 달려갑니다. 인도는 사람들로 붐비며 비좁은 데다 소리 또한 큽니다. 사람들은 황급히 상가 안으로 들어가거나 서둘러 전철과 버스에 오릅니다. 이런 데서도 하느님의 현존을 의식할 수 있을까요? 이렇듯 서두르는 분위기 속에서 하느님을 어떻게 체험할 수 있을까요?

이런 스모그 한가운데에서도 쉼의 오아시스가 있습니다. 예컨대 뉘른베르크에 가서 도심을 벗어나 레그니츠Regnitz 강변을 따라 걷다 보면, 어느새 도시의 소음이 더 이상 들리지 않습니다. 저는 푸른 풀밭에 앉아 물소리에 귀 기울입니다. 그러다 보면 대도시 한가운데서 평온함에 이릅니다. 조용한 물소리가 제 영혼을 쉬게 해 줍니다. 흐르는 강물에 집중하면서, 주변의 침묵에 빠져들면서 저는 도시 한가운데서 이곳을 오아시스로 느낍니다.

우리는 의식적으로 내면으로 가는 길을 걸을 수 있습니다.

이렇듯 바쁘고 혼란스러운 세상에서도 하느님의 현존을 체험하기 위해 의식적으로 걸을 수 있는 방법들이 있습니다. 첫째는 내 안으로 들어가 내면의 소리에 귀 기울이는 것입니다. 소란스러운 도심에서 자신의 영혼 깊은 곳으로 들어가는 것은 유익합니다. 호흡에 집중하고, 숨을 쉬면서 침묵의 공간으로 들어갑니다. 날숨과 들숨에 집중합니다. 그런 가운데 서서히 평온함에 이릅니다. 수면 위에서는 파도가 거세게 일고 있습니다. 머릿속이 시끄럽습니다. 그러면서 끊임없이 분심이 듭니다. 그러나 바다 속으로 깊이 들어가면 들어갈수록 마음이 더 고요해집니다. 이렇게 마음이 고요한 가운데 외부에서 마주치는 온갖 진부한 것보다 더 위대한 실재를 체험하게 됩니다.

하느님의 현존을 체험하기 위한 다른 방법이 또 있습니다. 고요한 상태에서 우리 곁을 서둘러 지나가는 사람들을 바라보세요. 그리고 자문해 보세요. "그들은 무엇을 갈망할까? 무엇이 그들을 움직이게 할까? 왜 저토록 서두를까? 무엇이 그들을 몰아 댈까?" 저는 우리 안에 침묵의 공간이 있다고 믿습니다. 그리고 이렇게 서두르는, 겉으로는 하느님을 전혀 생각하지 않는 것처럼 보이는 사람들 안에도 갈망이 있다고 믿습니다. 저는 모든 사람이 궁극적으로는 하느님을 갈망한다고 믿습니다. 이런 눈으로 사람들을 바라보다 보면 그들 안에도 하느님이 계시다는 것을 알게 됩니다. 다양한 얼굴에 비치는 하느님의 얼굴을 보는 것입니다.

하느님은 침묵 가운데 계십니다.

잠시 도시의 소음에서 벗어나 인근에 있는 성당으로 들어갈 수도 있습니다. 성당에 들어가 자리에 앉아 있으면 소음은 잘 들리지 않습니다. 이제 우리는 성전의 고요함을 누리고, 이 거룩한 공간이 말하는 소리에 귀 기울입니다. 우리는 이 공간에서 침묵하며 앉아 있습니다. 이는 무언의 기도입니다. 우리가 하느님 앞에 있는 것입니다. 침묵 가운데 하느님과 나 사이를 가로막는 것은 아무것도 없습니다. 이제 우리는 그분과 하나가 됩니다. 내면의 성전을 발견하면 관상에 들어가게 되고, 그런 가운데 우리 안에 침묵의 공간이 있음을 자각할 수 있습니다. 외부에서 밀려드는 온갖 것에서 내적으로 자유로워지는 데 이러한 상상이 도움이 됩니다. 유익한 침묵의 공간이 피난처와 새로운 힘을 선사해 줍니다.

　성당 밖으로 나올 때 깨닫는 점이 있습니다. 도시는 단지 돈과 만족에 대한 탐욕으로 가득하지 않다는 것입니다. 성당에 앉아 기도하는 이 도시 사람들 안에서, 도시의 '스모그' 한가운데서 현존하시는 하느님을 체험할 수 있습니다. 이는 위로가 됩니다. 이는 새로운 믿음과 함께 우리를 다시 도시의 소음 속으로 들어가게 합니다. 그리고 도시의 번잡함 한가운데서도 하느님이 현존하심을 알게 됩니다. 단지 모든 감각을 활짝 열기만 하면 됩니다.

나무

어느 문화권에서든 나무는 공경의 대상으로 간주됩니다. 많은 종교는 나무 안에서 신(하느님)의 현존을 봅니다. 나무의 표상에서 우리는 자기 자신도 발견할 수 있습니다. 사람들이 자신의 삶의 역사를 나무로 표현한 그림을 보면, 그림을 그린 당사자가 자기 자신을 어떻게 생각하는지 명확히 알 수 있습니다. 그림으로 그린 나무 가운데 일부는 뿌리가 거의 없고, 일부는 줄기가 갈라져 있습니다. 그 밖에 다른 일부는 줄기가 너무 커서 나무의 윗부분은 더 이상 자라지 않았습니다. 이렇게 나무는 사람이 자신을 어떻게 여기는지 보여 주기도 합니다.

인간은 나무에서 자신의 삶의 역사를 재발견할 수 있습니다. 나무처럼 인간은 땅에 뿌리내리고 하늘을 향해 성장해 갑니다. 인간은 땅과 하늘에 속한 존재입니다. 그러나 때로는 뿌리가 없고, 때로는 충분히 성장하지도 못합니다.

성경에서는 나무에 관해 자주 언급합니다. 이미 '창조 이야기'에서 나무는 중요한 역할을 하지요. 에덴동산 한가운데 생명나무가 있고, 그 옆에는 선과 악을 알게 하는 나무가 있습니다. 신약 성경은 이 상징에 관심을 갖고 다룹니다. 사람들이 저주하는 나무로 십자가가 만들어집니다. 십자가는 사람들에게 선과 악을 알게 하는 나무가 초래한 불행을 다시 없앱니다. 십자가는, 낙원에서 추방되어 더는 다가갈 수 없었던, 본래의 생명나무입니다.

초기 그리스도교 예술에서는 십자가를 종종 생명나무로, 크고 작은 가지가 많이 달렸고 수많은 새가 나뭇가지에 앉아 있는 생명나무로 묘사하곤 했습니다. 십자가 나무는 하늘과 땅을, 하느님과 인간을 연결합니다. 십자가 나무는 사람들이 언젠가 나무와 연결 지은 모든 약속을 이루어 줍니다. 십자가는 보호를 선사하고, 우리 안에 있는 대립적인 면을 화해시켜 주고, 우리를 하느님의 사랑으로 채워 줍니다. 십자가는 우리에게 드넓음을 선사합니다. 예술은 이 넓음을 십자가, 이 생명나무와 결부시켜 표현했습니다.

성경은 나무의 표상을 약속과 연결합니다.

루카 복음서에서 예수님은 열매를 맺지 못하는 무화과나무의 비유를 들어 말씀하십니다. 포도밭 주인은 그 무화과나무에 열매가 달려 있지 않으니 잘라 버리라고 포도 재배인에게 이릅니다. 그러자 포도 재배인이 주인에게 대답합니다. "주인님, 이 나무를 올해만 그냥 두시지요. 그동안에 제가 그 둘레를 파서 거름을 주겠습니다. 그러면 내년에는 열매를 맺겠지요. 그러지 않으면 잘라 버리십시오."(루카 13,8-9) 예수님의 인내를 보여 주는 적절한 비유입니다. 나무의 표상에서 단지 예루살렘만 묘사된 것은 아닙니다. 이 비유는 우리 각자에게도 적용됩니다. 우리는 열매를 맺지 못하는 무화과나무와 같습니다.

고대 시대에 무화과나무는 풍요의 상징이자 사랑의 상징

이기도 했습니다. 그러나 정신적 인식과 깨달음의 상징이기도 했습니다. 석가는 무화과나무(보리수를 의미함. 뽕나뭇과의 상록 활엽 교목으로 인도 원산이며 불교에서 신성시하는 나무임. 열매가 무화과와 비슷해서 저자가 이렇게 연관 지은 것으로 생각됨—옮긴이) 아래에 앉아서 깨달음을 얻었습니다. 예수님은 나타나엘이 무화과나무 아래에 있는 것을 보셨습니다. 그분은 이 이스라엘 사람이 신심이 깊음을, 하느님을 알고 깨달음을 얻기 위해 노력한다는 것을 아셨습니다(요한 1,48 참조).

그런데 우리는 영적 열정 없이, 깨달음 없이, 사랑 없이 있을 때가 종종 있습니다. 그런 열매를 맺지 못하는 나무는 베어야 합니다. 그렇지만 예수님은 우리 편을 드십니다. 비유로 말하자면, 그분은 당신의 사랑으로 우리 둘레를 파시고 당신의 은총으로 거름을 주고자 하십니다. 우리가 열매를 맺도록, 당신의 사랑이 우리 안에서도 피어나도록 말입니다.

산

　모든 문화권에서 산은 신비스러운 존재입니다. 산에 있으면 우리 영혼이 말을 겁니다. 우리 몸만 말을 거는 게 아닙니다. 우리는 창조 세계가 얼마나 위대한지 모든 감각으로 느낄 수 있습니다. 하느님의 현존도 인식합니다. 종교에서 높은 산은 '신들의 거처'로 여겨지고 공경받았습니다. 이를테면 히말라야 산악 지역과 티베트의 산, 북미의 인디언 문화권, 아프리카, 페루의 안데스 산맥 지역에서 그렇습니다. "모든 거룩한 것은 산처럼 높거나 높여진다." 인도 속담입니다. 산은 이미 그 높이로 인해 온갖 일상적, 세속적인 것과 거리가 멉니다. 산은 자연에서 신적인 힘을 눈으로 볼 수 있도록 표현한 것입니다.

휴가 때면 저는 고향의 높은 산들을 오릅니다. 산에 오르는 길은 종종 가파르고 힘듭니다. 그렇지만 정상에 이르면 고생하며 올라온 보람을 느낍니다. 아직 숨은 가쁘더라도 말이지요. 시야가 탁 트이고, 마음이 넓어집니다. 저는 눈앞에 펼쳐진 경관을 바라봅니다. 힘들게 오른 곳에서 볼 수 있는 많은 산봉우리를 바라봅니다. 정상에 세워진 대형 십자가 앞에 서 있거나 그 앞에서 사진을 찍는 사람들도 봅니다. 이제 저에게는 쉼이 필요합니다. 저는 조용히 바위에 앉아 고요함을 누립니다. 그리고 제각기 고유한 형상을 띤 산들, 이 아름다운 자연 경관을 바라봅니다. 이는 저에게 하느님 체험입니다. 저 멀리 바라보면서 성경이 전하는 산에 관한 내용도 떠올려 봅니다. 예컨대 예수님이 영광스러운 모습으로 변모하신 산에 관한 내용을 떠올려 봅니다. 산에서는 모든 게 선명해집니다. 하늘이 열립니다. 산에서 받는 빛은 경치뿐만 아니라 우리 마음도 비춥니다. 우리 얼굴이 달라집니다. 모든 역할을 내려놓게 되고, 가면이 벗겨집니다. 우리는 하느님이 우리 각자에게 만들어 주신 본래의 순수한 모습을 자각합니다.

> 하느님께 이르는 길은 많습니다.
> 그 가운데 하나는 산을 오르는 것입니다.

"나는 갑자기 영원이 자명하고도 불변의 상태로 존재한다는 생각이 들었다. 그러면서 마음이 넓어졌다." 이 문장은 제가 몸담고 있는 수도원에서 오랫동안 수도원장을 지낸 피델리스 루페르트Fidelis Ruppert 신부가 쓴 책에서 인용한 것입니다. 책 제목은 《나의 연인, 이 거대한 산이여 *Mein Geliebter, diese riesigen Berge!*》인데, 십자가의 요한 성인이 자신의 연인, 하느님을 거대한 산에 비유한 말에서 따온 것입니다. 이 책에서 피델리스 신부는 자신의 첫 페루 여행을 전하는데, 길이 없는 빙하 지역을 말을 타고 갔을 때 십자가의 요한 성인의 말이 떠올랐다고 합니다. "심오한 평화와 확신이 내 안에 있었다. 하느님이 내 안에 계시기 때문이다. 그분은 위대하시고 힘차시지만, 동시에 고요와 평화로 충만하시다. 수백 년 또는 수천 년 전부터 단순히 그 자리에 있고 평화를 내뿜는 높은 산처럼." 그러면서 몸과 영혼으로 드넓음과 기쁨을 느끼고 감사한 마음이 들었다고 합니다.

"하느님께 이르는 길은 많다. 그 가운데 하나는 산을 오르는 것이다!" 알프스 산 정상에 세워진 대형 십자가에 쓰인 문구입니다. 저는 조용히 산 위에 앉아 예수님을 생각합니다. 그분은 혼자 산으로 물러나 밤새워 기도하셨다고 루카 복음사가가 여러 번 전합니다. 그분은 침묵 가운데 하느님 아버지와 함께 계셨습니다. 이는 우리가 산 정상에 있을 때 하느님과 더 가까이 있다고 생각하게 해 줍니다.

우리는 산을 오른 뒤 변화되어 다시 골짜기로,
일상으로 돌아옵니다.

우리 영혼은 우리에게 촉구합니다. 하느님께로 올라가야 한다고! 이 길을 가려면 때로 어둠과 안개를 통과해야 하고, 수고와 긴장도 따릅니다. 그런 다음에야 산에 이르러 하느님에게서 빛나는 빛을 알게 됩니다. 빛이 비치면 갑자기 모든 게 선명해집니다. 우리는 골짜기에 앉아 어떻게 살아야 하는지 알지 못했습니다. 산 위에 있으면 뭔가가 밝혀지는 경우가 많습니다. 우리 삶에서 본디 중요한 게 무엇인지 명확히 알게 됩니다. 산 위에 있으면 작은 걱정거리와 자신과 관련된 일들을 잊습니다. 삶의 여정에서 겪은 굴곡이 갑자기 다른 의미를 지닙니다. 우리는 변화되어 다시 골짜기로, 일상으로 돌아옵니다. 이는 우리가 하느님의 빛, 말로 표현할 수 없는 그 빛에 마음이 열렸기 때문입니다. 하느님의 빛이 이러한 체험을 통해 새롭게 우리를 비춰 줍니다.

꽃

"꽃은 영혼의 빵이다."라는 중국 속담이 있습니다. 꽃은 기쁨과 아름다움을 표현하는 영혼의 양식입니다. 어느 나라에서나 꽃은 자랍니다. 기후가 다른 지역에서도 고유한 꽃이 자랍니다. 그 빼어난 모습은 늘 놀라게 하고 기쁨을 줍니다. 꽃은 예로부터 사람들을 매료시켰습니다. 우리는 꽃을 꽃병에 꽂아 방에 놓습니다. 다른 집에 초대받아 갔을 때에 집주인에게 꽃을 선물합니다. 애인이나 배우자에게 자신의 사랑을 표현하고 싶을 때에도 꽃을 주지요.

누구나 특별히 좋아하는 꽃이 있습니다. 어떤 이들에게는 꽃 색깔이 중요합니다. 색깔마다 고유한 의미를 지닙니다. 노발리스Novalis가 《푸른 꽃》에서 말한 '푸른 꽃'은 무한에까지 이르는 낭만주의적 갈망을 나타냅니다. 노란색 꽃은 태양을 가리킵니다. 흰색 꽃은 죽음과 관련된 전통을 상징하지만, 무죄와도 연관성이 있습니다. 붉은색 꽃은 피를 상징합니다. 이로써 사랑을 상징하고, 그리스도교 전통에 따르면 순교를 상징합니다.

>꽃이 피면 언젠가 시들고,
>생성되면 언젠가 소멸됩니다.

물론 꽃은 항상 피어 있지 않고, 언젠가는 시듭니다. 따라서 꽃은 인간 삶의 무상함과 변화무쌍함, 생성과 소멸을 상징하기도 합니다. 성경에서도 이렇게 말합니다. "(사람이란) 꽃처럼 솟아났다 시들고 그림자처럼 사라져 오래가지 못합니다."(욥 14,2) 그렇지만 꽃은 사랑도 가리킵니다. "땅에는 꽃이 모습을 드러내고 노래의 계절이 다가왔다오."(아가 2,12) 또한 꽃은 활짝 피어난 사람에 대한 상징입니다. "그러고 나서 너를 들의 풀처럼 자라게 하였더니, 네가 크게 자라서 꽃다운

나이에 이르렀다."(에제 16,7) 따라서 우리는 꽃을 우리 삶에 대한 표상으로 여길 수 있습니다. 그리고 지금 꽃망울이 터지는 단계에 와 있는지, 이제 막 피어나거나 활짝 핀 단계에 와 있는지, 아니면 이미 시든 단계에 와 있는지 스스로 물을 수 있습니다. 시든 단계에 와 있다면, 이에 "예."라고 답해야 합니다. 그래야 우리 안에서 새로운 그 뭔가가 피어날 수 있습니다.

꽃은 제각기 고유한 아름다움을 지니고 있습니다. 해바라기는 그리스도교에서 하느님 사랑의 상징으로 통했습니다. 해바라기는 우리를 늘 하느님께 향하도록 초대합니다. 그분의 사랑이 우리 안에 흘러들게 하기 위해서입니다. 그리스도교에서 나온 논문을 보면, 해바라기는 생각과 감정을 끊임없이 하느님께로 향해야 하는 이들에게 본보기로 간주됩니다. 그러므로 해바라기는 기도의 상징이 됩니다. 우리는 기도하면서 늘 하느님께로 향하며 그분의 사랑과 빛이 우리 안에 흘러들게 할 수 있습니다.

장미의 표상은 식물학적 묘사를 넘어서는 감정과 연상을 불러일으킵니다. 시인 라이너 마리아 릴케Rainer Maria Rilke는 거지 할머니에게 돈 대신 장미 한 송이를 준 이야기를 들려줍니다. 꽃을 손에 쥔 거지 할머니는 환하게 웃으며 릴케를 바라보았습니다. 그러고 나서 할머니는 일주일 동안 그 자리에 나타나지 않았습니다. 그 할머니가 동냥을 하지 않은 동안 과연 무엇을 먹고 살았을까 하며 동행한 여성이 묻자, 시인은 이렇게 대답했습니다. "장미의 힘으로!" 이처럼 아름다움은 마음을 움직입니다.

장미 숲은 낙원의 표상이기도 합니다. 낙원에는 장미를 비롯해 수많은 아름다운 꽃들이 만발해 있습니다. 여기서 꽃은 이미 우리를 기다리는 낙원에서의 삶을 가리킵니다. 동시에 우리는 꽃의 아름다움을 느끼면서 영원한 아름다움을 생각할 수 있습니다. 우리는 이 영원한 아름다움에로 부름을 받은 것입니다. 꽃은 지금 이미 우리 안에 있는 아름다움도 가리킵니다. 장미는 우리 안에 있는 아름다움을 깨닫고 바라보도록 상기시켜 줍니다. 자신을 사랑스럽게 바라볼 때, 우리는 아름답습니다. 누군가를 아름다운 장미처럼 사랑스럽게 바라볼 때, 우리는 그를 아름답게 만듭니다. 그 사람도 우리에게 아름답습니다.

꽃에서 우리는 낙원에 대한 기다림과
삶의 신비를 바라봅니다.

꽃은 우리 안에서 자라고 피어나고 싶어 하는 것에 대한 표지입니다. 꽃이 핀 것은 현대 심리학에서 성숙과 성공적인 삶을 상징합니다. 어떤 사람이 이웃에게 복을 주는 삶을 산다고 할 때, 그의 삶은 활짝 핀 것입니다. 우리는 꽃이 핀 것을 사랑과도 연결합니다. 지금 사랑을 체험하는 사람은 피어납니다. 그의 아름다움은 다른 사람들도 볼 수 있습니다.

그러므로 우리가 꽃을 더 깊이 바라볼 때, 꽃에서도 꽃 그 이상을 볼 수 있습니다. 우리가 꽃을 오랫동안 바라볼 때 깨달을 수 있습니다. 꽃은 죽음과 부활의 상징, 사랑과 기쁨의 상징임을 말이지요.

새

　새들을 관찰할 때마다 저는 매료됩니다. 새들이 땅에서 먹이를 찾는 모습과, 그런 다음 다시 날아가는 모습이 마음을 끕니다. 새들이 지저귀는 소리를 듣는 것도 좋습니다. 새들의 소리를 구분하는 사람들이 있습니다.

　새는 예로부터 하늘과 땅의 중재자로 여겨졌습니다. 새는 옛날이야기에서 영혼의 표상으로도 종종 등장합니다. 새는 우리가 밤에 꾸는 꿈에도 나타나는데, 자유와 환상, 생각을 상징하며 영혼의 힘으로도 여겨집니다. 초기 그리스도교 예술에서 새는 구원된 영혼의 상징으로 나타납니다.

*안전하게 살아갈 수 있을지 걱정하는 중에도 우리는
걱정 없이 즐거워하는 새들을 늘 바라보아야 합니다.*

  예수님은 걱정 없음과 신뢰의 표상인 새들을 바라보라고 우리에게 요청하십니다. "하늘의 새들을 눈여겨보아라. 그것들은 씨를 뿌리지도 않고 거두지도 않을 뿐만 아니라 곳간에 모아들이지도 않는다. 그러나 하늘의 너희 아버지께서는 그것들을 먹여 주신다."(마태 6,26) 새들은 삶의 경쾌함을 묘사합니다. 하느님이 자기들을 돌봐 주심을 신뢰하면서 기쁨에 가득 차 노래하지요. 물론 예수님은 여기서 우리가 자신을 새들과 완전히 동일시하라는 뜻으로 말씀하신 게 아닙니다. 창조 설화에서 하느님은 인간에게 땅을 부쳐 먹고 생계를 조달하라고 명령하시기 때문입니다. 그렇지만 안전하게 살아갈 수 있을지 걱정하는 중에도 우리는 걱정 없이 즐거워하는 새들을 늘 바라보아야 합니다.

새는 경쾌함과 자유, 신뢰와 기쁨을 묘사합니다.

예수님은 다른 표상도 들어 말씀하십니다. 새들은 둥지를 짓고, 그 안에서 편안함을 느낍니다. 그러나 인간은 이 세상에 집이 없습니다. 인간은 집을 짓습니다. 그렇지만 그 집은 인간에게 궁극적인 집이 되어 주지 못합니다. 인간은 영원한 고향을 찾아 늘 길 위에 있습니다(마태 8,20 참조).

시편 저자는 다른 체험을 말합니다. "저는 잠 못 이루어 지붕 위의 외로운 새처럼 되었습니다."(시편 102,8) 또한 시편 124편에는 이렇게 나와 있습니다. "우리는 사냥꾼의 그물에서 새처럼 벗어났네. 그물은 찢어지고 우리는 벗어났네."(시편 124,7)

이에 따라 새는 인간의 자유를 상징합니다. 우리는 영혼을 새처럼 날게 하면서 위험에서 벗어날 수 있습니다. 한편 새들은 조심스러워합니다. 그렇지만 새가 우리를 신뢰한다면, 우리는 새와 결속되어 있다고 느낄 수 있습니다. 아시시의 프란치스코 성인과 안토니오 성인은 새들에게 설교했다고 알려져 있지요. 이 조심성 있는 새들은 주의 깊게 듣고 나서 즐겁게 노래 부르며 화답했습니다. 새들이 노래하는 소리를 들을 때마다 우리의 마음은 깊이 움직일 수 있습니다.

안개 속

지상에서 우리의 삶은 순례입니다. 그것은 우리와 신적인 것과의 관계가 명료해질 수 있음을 드러내기도 합니다. 이러한 영적 표상에서 우리는 하느님과 가까워지는 체험도 표현할 수 있습니다. 11월의 음울한 날에 저는 그것을 종종 체험합니다. 안개 속을 거닐거나 안개가 짙게 낀 가운데 산책할 때면 특별한 감정이 생기지요. 안개가 저를 감싸는 것은 부정적인 체험이 아닙니다. 오히려 그것은 하느님과 가까이 있음을 보여 줍니다. 안개가 그렇듯이, 가까이 계신 그분이 저를 감싸 주십니다. 마치 모든 것을 부드러운 너울로 가려 주시는 하느님의 현존 속으로 들어가는 듯하지요. 저는 저를 에워싸고 있는 공기뿐만 아니라 안개를 의식합니다. 저는 시야를 가리는 안개를 뚫고 나무들을 바라봅니다. 모든 게 하느님의 현존에 에워싸여 있습니다.

> 우리는 하느님과 그리고 자연 전체와
> 하나가 되는 체험을 할 수 있습니다.
> 안개가 모든 것을 덮은 것처럼 말이지요.

헤르만 헤세Hermann Hesse는 어느 시에서 안개의 다른 측면을 묵상했습니다. 그에게 안개는 인간의 고독을 떠올리게 합니다.

> 기이하구나, 안개 속을 거니는 것!
> 삶은 고독한 것,
> 어느 누구도 타인을 알 수 없다네.
> 우리는 모두 혼자라네!

이에 따르면, 안개는 우리가 고독하게 세상을 돌아다니는 것을 나타내기도 합니다. 우리에게는 다른 사람과 함께 나누지 못하는 영역이 있습니다. 헤세에게 안개는 내적 어둠을 나타냅니다. 헤세는 우울증에 시달렸습니다. 우울증은 우리를 다른 사람들과 갈라놓는 어둠입니다. 우리는 종종 자신이 이해받지 못했다고 여깁니다. 그러나 이 체험은 우리에게 하나의 과제로 다가옵니다. 우리는 현명해질 수 있습니다. 이 어둠을 안개의 부드러운 흰빛으로 바꾸고, 고독 가운데 이 세상에 존재하는 모든 것과 하나가 된다고 생각할 수 있습니다. 그리되면 안개도 우리를 깊은 영적 체험으로, 우리가 하느님과 그리고 자연 전체와 하나가 되는 체험으로 이끌어 줄 수 있습니다. 안개가 모든 것을 덮듯이 말이지요. 그러면 고독이 고통스럽지 않을 것입니다. 오히려 고독은 침묵의 장, 한적함의 장이 될 것입니다. 중세의 신비가인 마이스터 에크하르트Meister Eckhart는 한적함이 하느님을 체험하도록 해 주는 요소라고 표현합니다. 우리는 온갖 외적 행위, 세속적 행위에서 벗어나 한적한 곳에 와 있습니다. 모든 존재의 근원과, 모든 것을 꿰뚫으시는 하느님과 하나 되기 위해 말이지요.

안개는 모든 것을 덮을 수 있습니다. 그러나 우리는 안개 속을 걸어가면서, 구원을 주시는 하느님의 현존 속으로 들어가게 됩니다.

눈길

눈으로 뒤덮인 숲속을 걸어가는 것은 언제나 깊은 내적 체험을 하게 해 줍니다. 저는 눈길을 걷다가 뒤돌아보며 눈 위에 발자국들이 선명하게 찍힌 것을 인지합니다. 그러면서 눈 속에 파묻힌 경치도 바라봅니다. 눈이 모든 것을 덮어 놓았습니다. 울타리는 더 이상 알아볼 수 없고, 길도 분간할 수 없습니다. 모든 게 쌓인 눈 아래 묻혀 있습니다. 눈은 부드러운 이불처럼 보입니다. 마치 감추고 싶은 모든 것을 덮어 주는 이불 같습니다. 저는 눈 덮인 경치를 바라보며 온화함과 자비의 이불로 온갖 실수와 약함이 덮였음을 묵상합니다. 그리고 그 이불 아래서 언젠가 새 생명이 나올 것임을 믿습니다.

눈 덮인 경치는 침묵을 선사합니다. 그리고 이 침묵은 유익합니다. 침묵 속에서 우리는 우리를 둘러싼 신비에 마음을 엽니다. 하느님께 마음을 엽니다. 그분의 사랑이 우리의 실수들과 모나고 하찮은 면을 덮어 줍니다. 우리는 눈 덮인 경치에서 나오는 고요함 안에서 하느님의 사랑이 깃든 안식처를 찾을 수 있다고 믿습니다. 실수와 약함과 모난 면으로 인한 죄책감은 이 안식처로 들어오지 못합니다. 우리는 우리 안에 있는 침묵과 깨끗함의 공간으로, 죄책감으로 더는 흐려지지 않은 공간으로 들어갑니다. 눈의 순수함과 깨끗함은 하느님 은총의 표상입니다. 우리는 하느님의 은총이 우리를 덮어 주고 우리 안의 모든 것도 변화시켜 주리라고 믿습니다.

눈 덮인 경치는 침묵을 선사합니다.
그리고 이 침묵은 유익합니다.
침묵 속에서 우리는
우리 모두를 둘러싸는 신비에 마음을 엽니다.

2월이 지나면서 눈이 녹고 제가 사는 수도원 정원에 올해 처음 피어난 '슈네글뢰켄Schneeglöcken'(스노드롭snowdrop을 말함. 수선화과의 알뿌리 초본식물에 속하며 이른 봄에 눈 속에서도 종 모양의 작은 흰색 꽃을 피움—옮긴이)이 봄을 알리면서 삶에 대한 희망, 좌절과 위축, 추위와 우울함을 극복하리라는 희망을 불어 줍니다. 이 작은 꽃은 제 안에서 솟구치는 새로운 희망의 전령사입니다. 삶은 소중합니다. 우리 안에서 새로운 생명이 늘 피어날 것입니다. 살면서 직면하는 온갖 역경에도 불구하고 말이지요.

바다

　크고 드넓은 바다는 예로부터 사람들에게 깊은 인상을 주었습니다. 사람들은 거칠게 이는 파도만 바라보아도 자연의 위력을 느꼈습니다. 고대인들은 바다를 두려워했습니다. 배를 타고 항해하는 것은 위험한 일이었습니다. 루카 복음사가는 사도행전에서 로마를 향해 가는 바오로 사도의 드라마틱한 여행에 관해 기술합니다. 그들이 탄 배가 바다에서 폭풍을 만났습니다. 거센 바람이 심하게 불어, 그들이 살아날 희망은 사라져 버렸습니다. 그때 바오로 사도가 일어나 배에 탄 사람들에게 말했습니다. "용기를 내십시오. 배만 잃을 뿐 여러분 가운데에서 아무도 목숨을 잃지 않을 것입니다."(사도 27,22) 비록 배는 부서졌지만 그들은 모두 무사히 뭍으로 나오게 되었습니다.

> 바다를 바라보면 우리의 시야가 넓어집니다.
> 그리고 우리는 보잘것없는 존재이지만,
> 하느님의 무한하심에 동참한다고 여길 수 있습니다.

오늘날까지 바다는 사람들에게 무한한 생명력의 상징입니다. 세찬 파도와 물보라를 바라보면서 사람들은 이 무한한 힘을 피부로 느낍니다. 우리는 바다를 바라보면서 이 힘을 나누어 받습니다. 우리는 자신이 새로워졌다고, 힘이 생겼다고, 내적으로 넓어졌다고 느낍니다. 그렇지만 바다는 집어삼킬 수도 있습니다. 우리는 바다에 가라앉을 수 있습니다. 그러므로 삶과 죽음은 서로 가까이 있습니다.

신비가들에게 바다는 하느님과 하나 됨의 표상입니다. 그들은 바다를 보며 하느님의 무한하심을 투영했습니다. 이와 관련해 널리 알려진 이야기가 있습니다. 아우구스티노 성인은 어느 날 바닷가에서 산책하다가 한 아이를 보게 되었습니다. 아이는 모래밭에 구멍을 파놓은 다음, 조개껍질을 들고 바다로 달려가더니 물을 담아 가지고는 그 구멍에 계속 붓는 것이었습니다. 그래서 성인이 다가가 "얘야, 도대체 무엇을 하는 거니?" 하고 물었습니다. 그러자 아이가 대답했습니다. "이 구멍에 바다를 채우려고요!"

당시 아우구스티노 성인은 삼위일체에 관한 책을 쓰고 있었습니다. 성인이 이 말을 듣고 웃자 아이는 성인에게 말했습니다. "너는 나를 비웃는구나. 그런데 너는 하느님의 그 위대하심과 무한하심을 어떻게 너의 그 작은 머릿속에 집어넣으려고 하느냐."

바다는 언제나 풍요로움을 드러내는 표상이기도 합니다. 바다에는 우리에게 영양분을 공급해 주는 물고기들이 가득합니다. 예로부터 사람들은 바다에는 보이지 않은 보물들이 있을 거라고 추측했습니다. 심리학자 구스타프 융Gustav Jung에게 바다는 영혼의 부富와 무의식적인 것의 표상입니다. 무의식적인 것 안에 바다 위로 드러나지 않은 많은 보물이 숨어 있습니다.

바다는 하느님의 위대하심과 드넓으심, 그리고 인간의 왜

소함을 보여 줍니다. 그렇지만 바다를 바라보면서 우리는 시야가 넓어집니다. 또한 보잘것없는 존재이지만, 하느님의 무한하심에 동참한다고 여길 수 있습니다. 그러므로 바다는 드넓음의 체험과 동시에 무한하신 하느님과 하나가 되는 체험을 할 수 있는 곳입니다.

해와 달과 별

인간은 자연과 우주와 긴밀히 연결되어 있고, 생성과 소멸이라는 삶의 리듬 속에 들어가 있습니다. 하늘에 떠 있는 해와 달과 별은 단순히 천체天體만이 아닙니다. 태곳적부터 사람들은 해와 달과 별에서 삶을 나타내는 어떤 상징을 보았습니다.

> 인간은 우주와 긴밀히 연결되어 있고, 삶의 리듬,
> 곧 생성과 소멸이라는 리듬 속에 들어가 있습니다.

태양은 빛을 선사합니다. 예로부터 많은 민족이 태양을

신으로 섬겼습니다. 초기 그리스도인들은 예수님을 진정한 태양으로 여겼습니다. 그리하여 로마인들이 숭배한 '무적의 태양신Sol invictus'을 예수님께 옮겨 놓았고, 주님 성탄 대축일도 무적의 태양신의 축일인 12월 25일로 제정했습니다. 그리스도인들은 구원의 축제인 주님 부활 대축일도 태양과 결부시켰습니다. 그래서 춘분(3월 21일)이 지나고 뜨는 보름달을 기준으로 이 보름달 다음에 오는 주일을 주님 부활 대축일로 지내게 되었습니다. 어둠이 지나고 아침에 해가 떠오르듯, 그리스도는 무덤에서 일어나 부활 날의 해가 떠오르도록 하셨습니다. 생명과 사랑은 죽음보다 강합니다. 우리는 태양을 온기와 사랑의 표상으로 체험합니다. 봄이나 가을에 태양 아래 서 있으면, 하느님의 사랑이 우리 몸 안으로 스며든다고 상상해 볼 수 있습니다. 우리가 얼마나 사랑받는지 느낄 수 있습니다.

옛날부터 달이 변하는 모습은 사람들을 매료시켰습니다. 보름달이 뜨면 달의 전체 모습을 볼 수 있습니다. 이후 달은 이지러지고 급기야는 더는 볼 수 없게 됩니다. 그리고 나서 눈썹처럼 가는 초승달이 뜨면 달은 다시 찹니다. 달의 이러한 주기는 생성과 소멸의 주기에 비유되었습니다. 많은 민족들이 달에 기준을 두고 시간을 측정했습니다. 그리고 달을 여성적인 것의 표상으로 보았습니다. 달의 주기는 풍요의 표상이자 생겼다가 사라지는 생명의 표상으로 간주됩니다. 많은 시인에게 달은 사랑의 표상입니다. 마티아스 클라우디우스가 지은 〈달이 떴네〉라는 시에서는 달을 이렇게 표현합니다. "그대들은 저 높은 곳에 떠 있는 달을 바라보는가? 달은 절반만 보이지만 둥글고 아름답네. 따라서 우리 눈에 보이지는 않으나 우리에게 위안이 되고 웃게 하는 일들도 더러 있다네."

밤하늘에 떠 있는 별들도 사람들을 예로부터 매료시켰습니다. 밤하늘을 바라보면 우주의 광활함이 느껴지고, 그 모든 것을 창조하신 하느님의 위대하심을 깨닫게 됩니다. 별들이 헤아릴 수 없을 정도로 그 수효가 많다는 것은 우리 안에서 무한에 대한 갈망을 불러일으킵니다. '갈망'을 뜻하는 라틴어 '데시데리움desiderium'에는 '별'을 의미하는 '시데라sidera'가 들어 있습니다. 이에 따라 고대 로마인들에게 갈망은 하늘의 별을 따서 지상으로 가지고 내려오는 것을 의미합니다.

사랑하는 남자는 애인을 '나의 별'이라고 부릅니다. 이러한 별의 표상은 사랑과 고향을 연결합니다. 별은 많은 사람에게 자신이 편안하고 사랑받았다고 느꼈던 장소에 대한 큰 갈망을 상징해 줍니다.

해는 아침에 떠서 저녁에 집니다. 해돋이와 해넘이는 언제나 새로운 감명을 주는 연극, 우리 마음을 깊이 움직이는 연극입니다. 밤하늘에 떠 있는 달과 별을 바라보며 사랑에 대한 갈망을 인지하세요. 그러면 당신 안에서 그 사랑이 솟구칠 것입니다. 별이 총총히 박힌 밤하늘을 바라보며 경탄하고, 하늘을 그토록 아름답게 별들로 수놓으신(성경의 창조 설화에서 그렇게 언급합니다) 하느님의 위대하심에 놀라워하세요. 놀라워하며 경탄하는 것은 사색과 철학의 시작일 뿐만 아니라, 신심에 이르는 길이자 하느님께로 가는 길이기도 하니까요.

5장

다른 사람들과 연대하기

관계의 풍요로움

✱

신은 친구들을 만들어 준다.

신은 친구를 친구가 되게 한다.

— 플라톤 (그리스의 철학자)

섬처럼 고립되어 홀로 사는 사람은 없습니다. 우리는 많은 사람과 연대하며 살아갑니다. 고대 그리스인들은 인간을 '정치적 동물zoon politikon'이라고 정의했습니다. 인간은 천성적으로 공동체를 이루고 사는 존재입니다. 다른 사람들과 맺는 관계는 우리가 삶을 펼치는 데 중요한 발판이 됩니다. 여기서 우리는 친척과 이웃, 친구, 동료 수사, 함께 일하는 이들을 비롯해 나보다 앞서 살았던 사람들, 조상들도 생각합니다. 또한 인간 존재에 대한 심오한 물음을 던지며 답을 찾으려 애쓴 이들, 책을 쓴 이들, 인간과 하느님의 신비에 관해 깊이 생각한 철학자와 신학자들도 생각합니다. 나아가 오늘날 우리가 사는 이 세상을 일궈 놓은 이들, 정치가, 경제인, 발명가, 작곡가, 화가, 건축가들을 생각하고, 우리가 이 세상에서 살 수 있도록 부분적으로 기여한 사람들도 생각합니다. 우리가 지금 이렇게 살 수 있는 것은 우리보다 앞서 살았던 많은 사람의 노력과 업적 덕분입니다. 어느 도시의 거리를 걸으며, 오래된 성당들과 중요한 건축물을 바라보며, 또는 우리보다 앞서 살았던 이들이 가꾸고 보호한 자연을 통과해 가면서 우리는 인지합니다. 항상 주변 사람들과, 그리고 우리보다 앞서 살았던 수많은 사람과 연결되어 있음을 말이지요.

유다인 종교 철학자 마르틴 부버Martin Buber는 "나는 너와 함께 되어 간다."라는 유명한 말을 남겼습니다. 우리가 다른 사람들과 관계를 맺으며 살 때 자기 자신이 누구인지 발견하게 된다는 뜻입니다. 누군가와 맺은 관계에서 우리는 늘 자기 자신과 진실을 만납니다. 한편으로 만남은 힘의 원천이기도 합니다. 만남은 우리를 변화시킵니다. 다른 사람들과 교류하면서 자신의 생명력을 새롭게 지각합니다. 우리는 함께하는 가운데 피어나고 자랄 수 있음을 체험합니다.

다른 사람들과 연대하는 것은 유익합니다. 오늘날 많은 사람이 자신이 그 어디에도 속하지 않는다고 여깁니다. 그러나 우리가 다른 사람들, 친척, 동네에서 함께 사는 사람들, 도시에서 함께 사는 사람들, 조국에서 함께 사는 사람들과 연대한다고 느낄 때 소속감을 지닐 수 있습니다. 이러한 연대를 인지하고 형성해 나가는 것은 참으로 중요합니다. 많은 사람이 자신이 완전히 홀로 있는 양, 자신이 살거나 살지 않는 게 남들에게는 전혀 중요하지 않는 양 처신합니다. 그러나 그렇게 생각하면 삶에 대한 모든 기쁨이 사라집니다. 다른 사람들과 연대한다고 여길 때, 우리가 비추는 빛이 주변 사람들에게 도움이 된다고 생각할 때, 더 의식적으로 살 수 있습니다. 그러면서 세상에 대한 책임감도 자각하게 됩니다.

홀로 있음과 공동체

인간에게는 자신을 받쳐 주는 공동체가 필요합니다. 그러나 홀로 있는 것도 필요합니다. 인간에게는 다른 사람들과의 관계가 필요하지만, 거리 두기도 필요합니다.

홀로 있음을 견딜 때,
슬픔을 지나 영혼 깊은 곳에 이를 수 있습니다.
거기서 모든 사람과, 창조 세계와 하나 됨을 느낍니다.
또한 하느님과 나 자신과 하나 됨을 느낍니다.

저는 수도원에 살면서 공동체 생활에 동참합니다. 새벽에 동료 수사들과 같은 시간에 일어나고, 그들과 함께 하루에 다섯 번 공동 기도를 바칩니다. 또한 그들과 함께 공동 식사를 하고, 작업장에서 함께 일합니다. 그리고 그들과 대화를 나누지요.

그렇지만 저에게는 홀로 있는 것도 필요합니다. 수도자는 세상을 포기한 사람, 고독 속으로 들어간 사람입니다. 수도원 방에서 홀로 있는 것은 중요합니다. 그러나 때로 홀로 있다는 느낌은 슬픔을 줍니다. 그렇지만 홀로 있음을 견딜 때, 슬픔을 지나 영혼 깊은 곳에 이를 수 있습니다. 거기서 모든 사람과, 창조 세계와 하나 됨을 느낍니다. 또한 하느님과 나 자신과 하나 됨을 느낍니다.

우리는 모든 사람과 연결되어 있습니다. 그리고 우리는 압니다. 우리가 생각하고 말하고 쓰고 행하는 모든 것이 세상 사람들에게도 영향을 미친다는 것을 말이지요! 우리가 홀로 행하는 일이라도 모든 사람과 결속되어 있다고 느끼고, 그들에 대한 책임도 느낍니다. 이러한 의식은 삶에 품위와 진지함을 선사합니다.

그러나 혼자 있는 것이 고립으로 이어져서는 안 됩니다.

많은 사람이 오늘날 외롭고 쓸쓸하다고 느낍니다. 그 때문에 다른 사람들이 자신의 외로운 마음을 받아들여 주기를 기대합니다. 그러나 우리는 외로움과 화해해야 하고, 다른 사람들에게도 다가가야 합니다. 다른 사람들이 우리와 관계 맺어 주기만을 기대할 수 없습니다. 우리가 직접 남들과 관계를 맺으려면 뭔가를 행해야 합니다. 그러기 위해 중요한 전제 조건 하나는 우리가 남들 위에 서지 않고 만나는 사람들에게 마음을 여는 것입니다. 그렇게 되면 그들과 깊은 관계를 맺을 수 있습니다. 이웃을 다정하게 바라보거나 용기를 주는 말을 건네는 것으로도 이미 관계가 형성됩니다. 관계 맺는 것, 공동체 체험은 우리 스스로에게 책임이 있습니다. 언제나, 날마다 말이지요.

낯선 이와 친밀한 이

친밀한 이들과 대화를 나누는 것은 기분 좋은 일입니다. 함께 대화하면서 거리가 가까워집니다. 그리고 마음을 열고 말할 수 있습니다. 그러면서 이해받았다고 느낍니다. 동시에 우리는 속마음을 여는 상대방을 이해하고 받아들입니다.

그러나 낯선 이들, 때로는 외국인들과도 대화를 나누는 경우도 있습니다. 그들은 우리에게 다른 세계를 열어 주고, 우리 세계를 더 풍요롭게 만들어 줍니다. 또 호기심을 일으키지요. 우리는 그들이 어떻게 생각하고 느끼는지, 어떻게 성장했는지, 어떤 문화권에서 살았는지 알고 싶어 합니다. 이제 그 낯선 이는 우리에게 하나의 거울이, 우리 자신을 바라보고 지금껏 낯설었던 것을 우리 안에서 발견할 수 있는 거울이 됩니다. 낯선 이는 내 안에 있는 낯선 것과 접촉하게 해 줍니다.

친밀한 이들은 안정감과 신뢰를 선사합니다. 오늘날, 많은 사람이 주변 사람들에게서 친밀함을 갈망합니다. 그들은 본래의 친밀했던 분위기를 유지하려 하고 또 이를 위해 싸웁니다. 그렇지만 낯선 이들이 두려워 벽을 쌓는 경우도 적지 않습니다. 우리는 친밀한 이들에게서 안정감을 느끼지만, 낯선 이들에게도 마음을 열어야 합니다. 우리가 이웃과 낯선 이들에게도 이러한 안정감을 느끼게 해 줄 때에만 우리가 누리는 안정감이 유지될 수 있습니다.

주변에 사는 낯선 이주민에 대한 두려움은 종종 우리 안에 있는 낯선 것에 대한 두려움의 표현입니다. 우리는 이 두려움을 평가하지 말고 단순히 인지해야 합니다. 그러나 그 두려움에 반응할 줄도 알아야 합니다. 그 두려움은 우리 안에 있는 낯선 것을 바라보라는 초대일 수도 있습니다. 또는 다음과 같이 자문해 보라는 초대일 것입니다. "무엇이 두려운 마음을 들게 할까?" 그러고 나면 이 두려움이 자기 자신을 더 인지하라고, 자기 자신이 낯설어지지 않도록 자신과 친밀해지라고 요구할 것입니다.

> 신뢰를 통해서만이 새로운 친밀함이 생겨납니다.

고대에는 요소 두 가지가 있었습니다. 낯선 이에 대한 두려움과 손님 환대의 의무가 그것이지요. 로마인들은 낯선 이를 원래 '호스티스hostis'라 불렀습니다. 그는 적, 반대자였습니다. 그렇지만 그는 나중에 '호스페스hospes', 손님이 되었습니다. 초기 그리스도인들은 손님을 후하게 대접했습니다. 히브리인들에게 보낸 서간에서는 이렇게 경고합니다. "손님 접대를 소홀히 하지 마십시오. 손님 접대를 하다가 어떤 이들은 모르는 사이에 천사들을 접대하기도 하였습니다."(히브 13,2) 손님으로 맞아들인 낯선 이를 천사나 하느님의 사자使者라고 생각한다면 낯선 것에 대한 두려움을 물리친 것입니다. 이렇게 신뢰를 통해 새로운 친밀함이 생겨납니다.

사랑

우리는 사랑을 갈망합니다. 누구나 한번쯤 사랑해 본 경험이 있을 것입니다. 한 남자가, 한 여자가 상대방을 어떻게 사랑하는지 알고, 이 사랑이 유익하다는 것도 경험합니다. 사랑은 우리를 변화시킵니다. 사랑은 삶에 새로운 맛을 남깁니다. 그러나 우리는 누군가가 나만 사랑하는 것을 경험하지 않습니다. 사랑은 낭만적으로 상대방에게 홀딱 반한 것, 그 이상입니다. 플라톤Platon은 사랑이 모든 존재의 기초가 되는 힘이라고 말했습니다. 바오로 사도도 '사랑의 찬가'(1코린 13)에서 사랑이 으뜸이라고 강조했습니다. 우리는 묵상을 하면서도 영혼 깊은 곳에 사랑이 있음을 체험할 수 있습니다. 사랑은 우리를 가득 채우는, 결코 마르지 않는 샘과 같습니다.

현대 진화 연구가들은 사랑도 진화의 원동력이라는 사실을 인식했습니다. 동물과 식물의 세계에서도 모든 것의 기초가 되고 살아남는 데에 기여하는 저 힘이 작용합니다. 자신이 다른 생명체들과 연결되었다고 느끼는 생명체들이 살아남기 때문입니다. 존재하는 모든 것과 결속하도록 해 주는 이 우주적 사랑은 우리가 길어 내는 힘입니다.

> 인간들 사이에서 경험하는 모든 사랑 안에서
> 우리는 사랑이신 하느님을 만납니다.

하느님은 이러한 사랑, 우주 전체에 스며들고 힘으로서 모든 것을 결속시키며 우리를 지탱해 주는 사랑이십니다. 바오로 사도는 우리가 받은 성령을 통하여 하느님의 사랑이 우리 마음에 부어졌다고 말합니다(로마 5,5 참조). 우리는 정서적으로 지금 사랑을 느끼지 못하더라도 이 성령의 샘에서 물을 길어 낼 수 있습니다. 우리 영혼의 깊은 곳에서 흐르는 이 사랑은 우리 자신에게서 나오라고, 다른 사람들에게로 가라고, 그리고 그들을 다정하게 만나라고 우리를 재촉합니다. 요한 사도는 이 사랑에 관해 이렇게 말합니다. "사랑에는 두려움이 없습니다. 완전한 사랑은 두려움을 쫓아냅니다."(1요한 4,18) 그러므로 사랑은 힘의 원천입니다. 사랑은 두려움에서 우리를 해방시켜 줍니다. 사랑은 우리가 이뤄야 하는 그 무엇이 아닙니다. 삶에서 근본적으로 중요한 것은 우리 안에 있는 이 사랑과 접촉하는 것, 그리고 이어서 두려움이 아닌 사랑으로 사는 용기를 내는 것입니다.

사랑을 이렇게 체험하는 사람은 하느님을 체험합니다. 하느님은 사랑이십니다. 그러나 하느님은 단지 사랑하시는 분이 아니라, 당신의 본질에서 사랑이십니다. 사랑은 모든 것 안에 있고, 모든 것에 스며듭니다. 우리는 하느님의 사랑을 바오로 사도가 한 말과 연관 지을 수 있습니다. "우리는 그분 안에서 살고 움직이며 존재합니다."(사도 17,28)

우리는 깨진 사랑에서도 사랑이신 하느님의 사랑을 느낄 수 있습니다. 깨지지 않는 그 사랑을 무조건 신뢰할 수 있는 것이지요. 이렇게 우리 사이에서 경험하는 모든 사랑 안에서 우리는 사랑이신 하느님을 만날 수 있습니다.

우정

고대 시대에 많은 철학자가 우정을 노래했습니다. 아우구스티노 성인은 다음과 같이 이를 멋지게 표현했습니다. "친구가 없으면 다정한 것은 아무것도 없다Sine amico nihil amicum." 그리스인들은 에로틱한 사랑eros과 우애philia를 구분합니다. 우애는 친구를 소유하려 하지 않습니다. 우애는 친구를 사랑합니다. 그는 친구이니까요. 그리스 철학자들은 선한 사람만이 진정한 친구일 수 있다고 여깁니다. 그렇지 않으면 공모자만 될 뿐, 참된 친구는 아닙니다.

친구는 우리 마음의 멜로디를 듣는 사람입니다.

그리고 우리가 그 멜로디를 잊었을 때
우리에게 그것을 다시 노래 불러 주는 사람입니다.

우정은 관계입니다. 우정 안에서 우리는 자기 자신과 관계를 맺고 다른 사람들과도 관계를 맺습니다. 많은 사람이 우정을 갈망하지만, 우정을 유지할 능력이 없습니다. 그들은 다른 사람과 가까워지는 것을 갈망하지만, 그것을 두려워하기도 합니다. 누군가와 가까워지면 자기 자신을 내보여야 하니까요. 좋은 것과 완벽한 것을 내보여야 할 뿐만 아니라 결점과 약한 면도 드러내 보여야 합니다. 다른 사람이 자신의 전부를 받아들여 주는 것은 모두가 간절히 바라는 것입니다. 우정은 우리 자신을 남김없이 받아들이도록 도와줍니다.

그러나 동시에 우정은 있는 그대로의 자기 자신과 교류하기를 바랍니다. 결점과 약한 면까지도요. 친구를 찾을 수 없다며 하소연하는 사람들에게 저는 늘 이렇게 묻습니다. "자기 자신과 다정하게 교류하나요?" 이것이 우정을 맺기 위한 첫째 조건입니다. 둘째 조건은 우리가 다른 사람들을 부드럽게 바라보는 것, 그들 안에 있는 선한 것을 믿는 것입니다.

우정을 키우려면 인내와 신뢰가 필요합니다. 그리고 우정은 가꿔야 하는 것입니다. 우리는 친구를 위해 시간을 내야 합니다. 그리고 의식(儀式)이 필요합니다. 이러한 의식은 우정이 필요로 하는 것을 선사해 줍니다. 이렇게 마음을 열고 누군가를 만날 때 우정도 싹틀 수 있습니다.

공감과 자기 사랑

구약 성경에는 "네 이웃을 너 자신처럼 사랑해야 한다."(레위 19,18)라고 나와 있습니다. 그리고 예수님은 구약의 이 계명을 입증하십니다(루카 10,27 참조). 우리는 자기 사랑과 이웃 사랑, 우리 자신에 대한 지각과 다른 사람들에 대한 공감 사이에 균형을 이루어야 합니다.

자기 자신을 사랑한다는 것은 자기 자신의 주위만 맴돈다는 뜻이 아닙니다. 자기 사랑은 나를 있는 그대로 받아들이기를 바랍니다. 우리는 우리 몸을, 아름다운 면도 있지만 한계도 지닌 그 몸을 받아들입니다. 우리는 우리 자신을, 강한 면이 있지만 약한 면도 지닌 나를 받아들입니다. 우리가 자기 자신을 사랑해야 다른 사람을 진정으로 사랑할 수 있습니다. 자기 사랑 없이 이웃 사랑은 독점적이거나 공격적이 되어 거칠어집니다. 그리고 내가 사랑하지 않는 것을 다른 사람에게 투사하게 되어 그도 사랑할 수 없게 됩니다. 그러면 다른 사람을 사랑하는 일을 어쩔 수 없이 하게 됩니다. 그러나 강요된 사랑은 이웃에게 복이 되지 않을 것입니다.

예수님은 구약에 나오는 이웃 사랑의 계명을 인용하는 율법 교사에게 '착한 사마리아인의 비유'(루카 10,29-37 참조)를 들어 대답하십니다. 어떤 사람이 강도들에게 두들겨 맞아 초주검이 되어 길가에 방치되어 있었습니다. 사제와 레위인은 그를 지나쳐 버립니다. 그들은 계명만 지킬 뿐, 동포를 동정하지 않지요. 그렇지만 사마리아인은 가엾은 마음이 들어 그에게 다가가 상처를 치료해 줍니다. 그러면서 자기 자신도 돌봅니다. 그는 자신의 한계를 알고 있습니다. 그는 다친 사람을 자기 노새에 태워 여관으로 데리고 가서, 여관 주인에게 돌봐 달라고 부탁합니다. 이렇게 그는 다른 사람을 돌보는 것과 자기를 돌보는 것, 이웃에 대한 공감과 자기 자신에 대한 지각 사이에 균형을 이룹니다.

우리가 자기 자신을 포기하면
다른 사람을 더 이상 도와줄 수 없습니다.

"다른 사람을 어느 정도로 도와줄 수 있을까?" 이 물음은 우리에게도 적용됩니다. 우리가 자기 자신을 포기하면 다른 사람을 더 이상 도와줄 수 없습니다. 다른 사람을 도와줄려면, 자기 자신에게서 나와 다른 사람에게로 향하는 마음, 공감이 필요합니다. 그렇기에 자기 사랑도 필요합니다. 우리는 자기 자신과도 바람직하게 교류해야 합니다. 우리가 자신의 한계를 뛰어넘으면 다른 사람을 향한 공격이 공감으로 신속히 바뀝니다. 영혼은 모든 과도함에 맞서 대항하기 때문입니다. 이미 고대 수도자들은 이렇게 말했습니다. "온갖 과도함은 악령에게서 나온 것이다." 이 말은 공감이 과도한 것에도 적용됩니다. 사랑에는 경계가 없습니다. 그러나 사랑이 맑은 샘에서 흘러나오려면 경계를 넘어설 수 있어야 합니다.

대화

우리는 날마다 많이 말합니다. 하지만 이때 언제나 진심으로 말하는 것은 아닙니다. 우리는 종종 생각 없이 말하고, 자기가 하는 말이 다른 사람들에게 상처를 주거나 부정적인 분위기를 만드는지 알아차리지 못합니다. 그러므로 멈추고 다음과 같이 자문해야 합니다. "말하면서 본디 하고자 했던 것은 무엇일까? 사람들과 함께하며 듣고 침묵하고 말하는 데 깨어 있는 걸까?" 우리가 하는 말이 단지 정보 교환으로 축소된다면, 우리는 언어의 신비를 깨닫지 못할 것입니다. 그렇게 되면 언어를 컴퓨터를 통해 대체할지도 모릅니다.

언어의 목표는 대화입니다. 그리고 실제적으로 인간적인

대화는 우리가 마음으로 이야기해야만 이루어집니다. 바람직한 대화는 서로의 경험을 중재합니다. 우리는 서로 이해합니다. 말 한마디로 시작된 대화가 끊이지 않습니다. 대화 속에서 우리는 점점 더 깊이 내려가고, 우리 영혼을 일깨웁니다. 우리는 시간 가는 줄 모르고 서로 이야기합니다. 단순히 대화에 몰두합니다. 그것은 우리를 기쁘게 합니다. 그리고 헤어지면서 느낍니다. '참 좋은 시간이었어.' 이는 우리를 유익하게 합니다.

횔덜린Hölderlin은 〈평화의 축제〉라는 시에서 언어적 소통이 어떻게 이루어지는지 아름답게 묘사했습니다.

> 인간은 많은 것을 경험하네.
> 많은 사람이 천상적인 것을 꼽았지.
> 우리는 대화를 나눈 뒤
> 서로 들을 수 있게 되었네.

그렇다면 성공적인 대화의 전제 조건은 무엇일까요? 횔덜린은 어떻게 해야 성공적인 대화가 이루어지는지 말합니다.

첫째 조건은 경험에서 우러나오는 말로 이야기하는 것입니다. 다른 사람들이 말한 것을 되풀이하는 게 아니라, 자신의 내면 깊은 곳에서 체험하고 인지하고 예감한 것을 표현합니다.

둘째 조건은 초월적인 것에 마음을 여는 것입니다. 좋은 대화는 천상을 향해서도 늘 마음을 엽니다. 대화를 하면서 우리를 뛰어넘는 것을 건드립니다. 그러면 이야기하는 사람들이 친교를 이룰 뿐만 아니라, 그들이 이야기하면서 함께 생각하는 존재, 하느님과도 친교가 이루어집니다.

> 대화하면서 우리는 서로 관계하고
> 자신의 역사, 출생, 뿌리에 대해서도 함께 나눕니다.
> 그리하여 새로운 것이 생겨납니다.

다음 두 가지 표상은 성공적인 대화에 관한 것입니다.

첫째 표상은, 우리가 단지 대화를 하는 것이 아니라 우리 자체가 대화라는 것입니다. 두 사람은 서로 좋게 이야기하는 데에만, 적절히 논거를 대는 데에만, 잘 경청하는 데에만 마음을 쓰지 않습니다. 그들은 바람직한 대화를 이끌어야 한다는 압박을 받지 않습니다. 두 사람은 진실할 따름입니다. 그들은 각자 자기 곁에 있고, 동시에 상대방 옆에도 있습니다. 그들은 말로 인상을 주어야 한다는 그 어떤 압박을 받지 않고서 이야기합니다.

둘째 표상은, 대화를 할 때 서로에게 좋은 청자가 되려 하지 말고 서로를 나누는 이가 되어야 한다는 것입니다. 서로에게서 듣는다는 것은 이런 뜻입니다. 우리는 상대방에게서 뭔가를 가져옵니다. 서로를 나눈다는 것은 그 사람의 출생, 역사, 경험, 기분, 마음을 구체적으로 함께 나눈다는 뜻입니다. 우리는 상대방의 말을 들으면서 그의 출발점, 그의 뿌리에 이릅니다. 대화하면서 우리는 서로 관계하고 자신의 역사, 자신의 출생, 자신의 뿌리에 대해서도 함께 나눕니다. 그렇게 대화할 때에는 새로운 것이 생겨납니다. 함께 나눔으로써 공동체, 공감, 관계가 형성됩니다.

마지막으로 중요한 게 있습니다. 대화에는 적절한 타이밍이 필요합니다. 또한 여유와 시간이 필요하고, 보호된 공간과 열린 마음도 필요합니다. 단지 서로 듣는 것에서 그치지 않고 서로를 나눌 준비가 되어 있어야 합니다. 그래야 함께 진정한 대화를 나눌 수 있을 것입니다.

감사

세계적으로 알려진 한 첼리스트가 언젠가 이렇게 얘기했습니다. 젊었을 때는 대중 앞에 서기만 하면 패닉 상태에 빠졌다는 것입니다. 자기가 잘하지 못한다고 여겼기 때문입니다. 단지 연습을 충분히 못한 것이 아니라 완전히 무능하다고 여긴 것이지요. 그녀는 실패에 대한 두려움이 매우 컸습니다. 그것은 그녀를 제압하고자 위협하는 내면의 악령과 같았습니다. 당시에 무엇이 그녀에게 도움이 되었을까요? 그녀는 연주회 전에 늘 자리에 앉아 지금까지 자신에게 도움을 준 사람들, 자신을 격려해 준 사람들, 자신이 고마워하는 사람들, 어머니, 스승들, 친구들, 팬들의 이름을 모두 종이에

적었습니다. 그것이 큰 도움이 되었습니다.

> 우리는 행복하기 때문에
> 감사하지 않습니다.
> 오히려 감사하는 마음을 지니고 있기에
> 행복합니다.

감사할 줄 아는 사람은 자신이 받은 것을 진지하게 여깁니다. 그러나 감사할 줄 모르는 사람은 자신이 날마다 받고 있음을 잊습니다. 로마 철학자 키케로Cicero는 감사할 줄 모르는 것을 망각이라고 (그리고 이로써 약함이라고) 말했습니다. 감사는 내 삶에서 이미 받은 것, 내가 만나는 사람들을 통해서, 무엇보다 하느님의 은총을 통해서 날마다 받는 것을 잊지 않게 하는 내적 힘입니다. 감사는 과거를 붙들지 않습니다. 감사는 현재에서도 달아나지 않습니다. 오히려 감사는 과거를 지금으로 끌어들입니다. 지금을 달리 체험하도록 말이지요.

따라서 감사는 단지 좋은 표지를 가리키는 것이 아닙니

다. 감사는 어떤 구체적인 상황도, 우리 자신의 삶도 넘어서지만 그것을 깊이 건드리고 유지하는 내적 태도입니다. 오스트리아 출신의 미국 베네딕토회 회원이자 영성 작가인 다비드 슈타인들-라스트David Steindl-Rast는 이렇게 말합니다. "저는 행복하기 때문에 감사하지 않습니다. 오히려 감사하는 마음을 지니고 있기에 행복합니다." 행복은 힘의 위대한 원천입니다. 우리는 행복해지기 위해 뭔가를 할 수 있습니다. 감사하는 마음을 가지고 우리가 해야 할 일을 더 많이 훈련할 수 있습니다. 그렇게 하기 위한 기회는 셀 수 없을 정도로 많습니다. 우리가 자신의 삶에 대해 감사할 때, 또 자신의 삶을 긍정할 때 자신을 받아들일 수 있습니다. 그리고 사는 데 필요한 힘도 나누어 받을 수 있습니다.

많은 사람이 아침마다 건강한 모습으로 일어난 것을 감사합니다. 이렇게 잠시 멈추는 것이 하루의 시작을 바꿉니다. 오늘 우리가 해야 하는 일정에 휘둘리지 않습니다. 그리고 주어진 하루에 기뻐합니다. 그리고 이날을 기회로, 또 하느님이 오늘 우리에게 주신 선물로 받아들인다면, 이날을 다르게 체험할 것입니다.

밤은 하루를 감사하며 닫을 수 있는 좋은 기회입니다. 우리는 하느님이 오늘 우리에게 맡겨 주신 모든 것에 대해 그분께 감사드립니다. 우리에게 다가온 만남, 마음을 따뜻하게 해 준 말, 어둠에 빛을 던져 준 시선에 대해 하느님께 감사드립니다. 오늘 주도한 일, 잘 진행된 일에 대해 감사드립니다. 오늘 축복이 나간 것, 사람들의 마음을 따뜻하게 위로해 준 것에 대해 감사드립니다. 그런 태도로 하루를 닫으면 내적으로 평온해집니다. 오늘 체험한 것을 감사하는 마음으로 하느님 손에 올려놓을 수 있습니다. 그리고 그분의 따뜻한 손 안에서 편히 쉬며 안정감을 느낄 수 있습니다.

감사는 감정을 변화시킵니다.
그러나 단지 우리 감정만 변화시키지 않고,
우리 주위도 변화시킵니다.

슬플 때에도 감사할 수 있습니다. 마음이 혼란스러울 때에도, 분노하고 절망하고 고통스럽고 죄책감이 들 때에도 감사할 수 있습니다. 때로는 이 모든 것이 함께하는 복잡한 상황일 때에도 감사할 수 있습니다. 예컨대 우리는 사랑하는 사람과 소중한 시기를 함께 보낸 것을 감사할 수 있습니다. 그는 슬플 때에도 나를 지탱해 주고 내 안에 있는 온갖 어둠에도 불구하고 나를 기쁨으로 채워 주었습니다. 이처럼 감사는 슬플 때에도 내가 되돌아가도 되는 곳입니다. 거기서 내적으로 쉬기 위해 말이지요.

나쁜 것 안에도 좋은 것이 들어 있을 수 있습니다! 그것을 볼 준비만 하면 됩니다. 우리가 우리 삶을 감사하는 마음으로 바라보면 어둠도 밝아질 것입니다. 감사의 태도로 지금까지 살아온 삶을 바라보는 사람에게는 모든 것이 기쁨과 평화의 샘이 될 수 있습니다. 그는 자기 자신을 위해 새 힘을 길어 올리고, 다른 사람들에게 축복의 샘이 됩니다. 감사는 감정을 변화시킵니다. 그러나 단지 우리 감정만 변화시키지 않고, 우리 주위도 변화시킵니다. 우리는 새로운 눈으로 세상을 바라봅니다. 그리하여 우리 주위의 모든 것이 하느님이 날마다 우리 손에 쥐어 주신 선물로 바뀝니다. 우리가 만나는 사람들을 감사하는 마음으로 바라보면 변화의 기적을 체험하게 될 것입니다.

6장

모든 것에는 때가 있고,
자기 자리가 있다

✱

모든 사람은 태어날 때
세상을 선물로 받았다. 온 세상을.
그러나 대다수 사람들은 아직
그 선물의 끈을 풀지도 않았다.
하물며 그 안을 들여다보았을까!

— 레오 버스카글리아 (미국의 작가)

늘 정상만 달리는 사람은 없습니다. 또한 항상 바닥만 기는 사람도 없습니다. 정상과 바닥은 우리 삶에 속합니다. 그러므로 정상에 서는 것뿐만 아니라 바닥으로 내려가는 것도 중요합니다. 구약 성경의 코헬렛에는 '때'에 관해 통찰한 유명한 시가 나옵니다. 하느님은 우리가 사는 동안 우리에게 다양한 때를 주십니다. "태어날 때가 있고 죽을 때가 있으며 심을 때가 있고 심긴 것을 뽑을 때가 있다."(코헬 3,2) 이 부분에는 서로 대비되는 때를 열네 문장으로 서술하고 있습니다. 이 문장들을 살펴보면, 때는 극명히 반대되는 특성을 지녔습니다. 그런데 이러한 상반된 측면에는 공통점이 있습니다. 그것은 뭔가 이로운 것입니다. 인간이 지금 눈앞에 있는 것에 몰두하면, 그것은 결국 유익하게 작용합니다. 처음에는 부정적으로 보일지라도 말이지요.

그러니 정상에 있을 때에는 자신을 드러내지 말아야 합니다. 그리고 모든 것이 언제나 잘될 거라고 여겨야 합니다. 정상에는 위험이 내재된 경우가 많습니다. 한번에 바닥으로 추락할 수도 있지요. 그러나 이러한 때는 아무것도 계속 붙들고 있을 수 없다는 사실을 늘 유념해야 합니다. 바닥으로 내려가는 일은 우리를 내면 깊은 곳으로 이끌 수 있습니다. 살면서 정상과 바닥을 종종 체험해 본 사람은 현명해집니다. 자신의 영혼의 정상과 밑바닥을 비춰 주는 거울로 삼기 때문입니다.

우리는 난관을 겪으며 삽니다. 오랫동안 유지해 온 관계가 깨지거나 일자리를 잃기도 하고, 갑작스레 병이 들기도 합니다. 우리는 삶을 설계할 수 없습니다. 어떻게 해야 이렇게 예측할 수 없는 삶에서 연관성과 의미를 발견할 수 있을까요? 이에 대해 코헬렛은 이미 확신했습니다. 모든 게 항상 완벽하고 유리하고 효과적이고 적절해야 한다는 생각에서 벗어나야만 성공적인 삶을 살 수 있다고 말이지요. 자신 안에 있는 대립적인 면들을 받아들여야만, 지금 마주친 대립하는 것들과 화해해야만, 수많은 난관을 겪고 온갖 반대에 부딪히더라도 우리 자신과 그리고 삶과 화해할 수 있다고 말입니다.

시작할 때가 있고, 마칠 때가 있다

　탄생과 함께 삶이 시작되고 죽음과 함께 삶이 끝난다는 것은 우리 삶의 신비에 속합니다. 그것은 마음대로 앞당겨지거나 맨 끝으로 미뤄질 수 없습니다.

　시작하는 것과 마치는 것은 하나의 기술이기도 합니다. 우리는 날마다 그것을 경험할 수 있습니다. 시작하는 사람에게는 힘이 자라나고, 일을 잘 마치는 사람도 내적 힘을 얻습니다.

　그런데 어떤 사람들은 시작하지도 않고 마치지도 않습니다. 그들은 자신이 하고 싶은 일을 얘기만 할 뿐, 시작하지 않습니다. 그들은 매사를 날림으로 진행합니다. 언급된 내용이 진실한지, 결정을 내린 것이 마음에 드는지 아니면 그저 환담을 나눈 것에 불과한지 알지도 못합니다. 그런 사람들은 종종 회의를 마치지도 않습니다. 예전에 제가 회의를 이끌었을 때에는 회의를 잘 시작하는 것, 그리고 명확한 말로 회의를 마치는 것이 중요했습니다. 이러한 바람직한 구조가 말하는 문화와 함께하는 문화에 기여합니다.

모든 것을 미루기 좋아하는 사람들은 밤에도 일을 끝내지 않습니다. 그들은 이것저것 시작해 놓고는, 잠자리에 들지 않습니다. 그러고 나서는 할 일이 너무 많다며 불평을 늘어놓습니다.

시작하는 사람에게는 힘이 자라나고,
일을 잘 마치는 사람도 버적 힘을 얻습니다.

그러나 우리는 언제나 새롭게 시작할 수 있습니다. 때로는 우리 삶이 깨진 꿈들의 파편 더미로 이루어져 있는 것처럼 보일 것입니다. 그렇지만 깨진 조각들로도 우리는 새 도자기를 만들 수 있습니다. 그것은 물론 예전 것처럼 완벽하지는 않습니다. 그러나 더 창의적이고 더 다채롭고 더 생동감 있게 보일 것입니다. 중요한 것은 시작과 끝을 함께 바라보기, 시작에서부터 끝을 맺기, 뭔가를 완성하기입니다.

시작하려면 용기가 필요합니다. 많은 사람은 어떻게 전개될지 모를 미래에 불안해합니다. 그러나 우리가 원하는 것을 깊이 생각하면, 우리 안에 있고 우리가 확신할 만한 수단을 발견하게 됩니다. 용기와 확신은 새롭게 시작하는 데 꼭 필요한 힘을 선사합니다.

시작하는 사람은 자기 삶을 주도할 힘을 얻습니다. 그러나 멈출 줄 아는 사람도 자기 삶을 주도할 힘을 얻습니다. 이때 중요한 것은 뭔가가 우리를 덮치더라도 거기에 지배당하지 않아야 하는 것입니다. 고대 로마인들은 "모든 일을 할 때마다 끝을 생각해야 한다respice finem."라고 말합니다. 이 말은 우리가 내리는 모든 결정은 물론, 삶 전체에도 적용됩니다.

때로는 끝이 외부에서 오기도 합니다. 그럴 경우에는 운명의 암시 또는 하느님이 보내시는 신호를 이해하고 그것을 따르는 게 바람직합니다. 비록 그 끝이 외부에서 강제적으로 오더라도, 그 끝에 동의한다면 평화로이 살 수 있습니다.

그러나 저항하면 불만족스럽고 쓸쓸해질 것입니다. 모든 일을 할 때마다 그 끝을 생각한다면, 지금의 순간에 가치를 부여하게 됩니다. 이렇게 의식하면 더 적극적으로 살 수 있게 됩니다.

기쁠 때가 있고, 슬퍼할 때가 있다

　기쁨과 슬픔은 우리 마음을 움직이고 생기를 주는 중요한 감정입니다. 두 감정은 서로 반대되지만, 긴밀히 연관되어 있습니다. 기쁠 때에는 기쁨을 만끽해야 합니다.

　그런데 기쁨을 억누르는 사람들이 있습니다. 그들은 마음껏 기뻐할 줄 모릅니다. 슬퍼해야 할 때에도 슬픔을 허용하지 않습니다. 그들은 슬픔과 연관된 고통에서 달아납니다. 이렇게 그들은 두 감정을 받아들이지 않습니다.

　예수님은 당신의 말씀을 듣는 이들에게서 그것을 경험하셨습니다. 그분은 그들을 꾸짖으십니다. "(그들은) 장터에 앉아 서로 부르며 이렇게 말하는 아이들과 같다. '우리가 피리를 불어 주어도 너희는 춤추지 않고 우리가 곡을 하여도 너희는 울지 않았다.'"(루카 7,32) 그들은 예수님이 전해 주신 기쁨도 받아들일 수 없었고, 요한 세례자가 촉구한 회개도 하지 않았습니다.

자신의 감정을 허용하지 않으려는 사람들은 자신의 태도에 대해 이유를 댑니다. 남들에게서 받은 지시에 대해 기뻐할 수 없거나 슬퍼할 수 없다고 하지요. 그러나 그것은 핑계입니다. 사실 그들은 지금 닥친 것을 허용하지 않습니다. 자신의 감정에서 분리됩니다. 그리하여 넘치는 기쁨도, 깊은 슬픔도 느끼려 하지 않습니다.

그렇게 하다 보면 삶은 단조로워지고 살맛이 나지 않게 됩니다. 바로 지금 닥친 기쁨이나 슬픔을 허용해야만 적극적으로 살게 되고, 그래야만 삶의 신비를 체험할 수 있습니다. 우리가 감정 속으로 들어간다면, 슬플 때에도 기쁠 때에도 우리를 이롭게 하는 힘의 원천을 발견할 것입니다.

감정이 없는 사람들에게서는 생기가 나오지 않습니다.
그들은 아무것도 움직이지 않습니다.

그러나 우리를 움직이게 하는 감정이 필요합니다.

우리는 우리를 행복하게 하는 것에 대해 기쁨을 표현합니다. 기쁨은 우리 안에 있습니다. 외부에서 아름다운 것이나 행복하게 하는 것이 우리를 움직인다면, 우리 안에 있는 기쁨의 샘이 솟도록 마음의 준비만 하면 됩니다. 기쁨은 우리 마음을 넓게 하고, 우리 삶에 다른 맛을 내줍니다. 기쁨이 우리 안에서 본래의 자리를 잡으면, 그것은 우리 삶 전체에 유익을 줄 것입니다.

슬픔도 강한 감정이기에 많은 사람이 슬픔을 피합니다. 그러나 슬픔은 상실된 것과 교류하게 해 주고, 사랑하는 사람과 결별하게 해 줍니다. 마음을 아프게 한다는 이유로 슬픔을 받아들이지 않는 사람은 우울해집니다. 우울증은 대개 슬픔을 몰아낸 데에서 옵니다. 한편 슬픔과 관련해서는 나 자신이 만들어 낸 환상과 결별하는 것도 중요합니다. 나 자신의 평범함에 대해 슬퍼할 때, 우리는 있는 그대로의 삶에 대해 "예."라고 말할 수 있게 됩니다. 그리하여 우리는 슬픔 중에도 내적 평화와 기쁨, 행복감을 누릴 수 있게 됩니다.

웃을 때가 있고, 울 때가 있다

"웃으면 건강에 좋다."라는 격언이 있습니다. 웃는 가운데 우리는 일상의 굴레에서 벗어나고 내적 자유를 얻습니다. 그러나 어떤 웃음은 상처를 주기도 합니다. 바로 비웃음입니다. 누군가를 우스꽝스럽게 만드는 것은 좋지 않습니다. 그렇지만 진실한 웃음은 그렇지 않습니다. 호탕하게 웃는 사람은 주변 사람에게 좋은 영향을 미칩니다. 그는 생기와 자유를 보여 주지요.

그러나 자신의 감정을 통제하려는 사람들은 긴장을 풀 수 없고, 진실하게 웃을 수도 없습니다. 자신의 슬픔을 표현하며 울지도 못합니다. 그렇지만 웃음과 울음은 정서적 반응으로 생기의 표지입니다. 웃을 때뿐만 아니라 울 때에도 인간은 자신에게 '갇혀 있지' 않고 밖으로 나옵니다. 웃음은 기쁨 또는 웃게 만드는 위트에 대해 보이는 직접적인 반응이고, 울음은 누군가를 슬프게 하는 사건에 보이는 즉각적인 반응입니다.

> 우리는 웃는 가운데 우리를 위협하는
> 모든 것을 극복하며 자유로워질 수 있습니다.

예수님은 우는 이들에게 웃게 될 것이라고 약속하십니다. 우리가 예수님의 복음을 받아들이면 우리의 내적 상황이 달라질 것입니다. 그런데 자신이 하는 일은 모두 잘될 것이며 자기보다 적게 가진 이들을 비웃어도 된다고 여기는 사람들이 있습니다. 이들에게 예수님은 이렇게 경고하십니다. "불행하여라, 지금 웃는 사람들! 너희는 슬퍼하며 울게 될 것이다."(루카 6,25) 예수님의 이 말씀은 한편으로는 '참행복 선언', 다른 한편으로는 '불행 선언'이기도 합니다. 예수님은 이 말씀을 통해 우리에게 이렇게 전하십니다. "너를 슬프게 하는 모든 힘에 흔들리지 마라. 하느님의 도우심을 믿는다면 어떤 힘도 너를 좌지우지하지 못할 것이다." 이와 반대로 예수님은 또 이렇게 경고하십니다. "네가 늘 웃을 수 있다는 보증은 없다. 그러니 네가 무엇을 믿을지, 네가 지금 누리고 있는 부富를 믿을지 아니면 하느님을 믿을지 곰곰이 생각하라. 네가 웃는 것이 단지 외적인 것에 근거한다면, 그 웃음은 곧 사라질 것이다. 그러니 무엇을 믿을지 결정을 내려라. 그러면 비록 고통이 닥치더라도, 고통은 너를 멸망으로 내몰지 못할 것이다." 하느님의 무한한 자비와 사랑은 웃음이 울음을 이긴다는 것을 보증합니다. 우리는 이 세상에 사는 동안 웃을 때가 있고 울 때가 있을 것입니다. 그리고 이 지상 생활이 끝난 뒤에야 자유와 기쁨을 누리게 될 것입니다. 그 때는 모든 눈물을 닦고 웃음이 승리하게 될 것입니다.

일하고 활동할 때가 있고, 쉬고 기도할 때가 있다

일은 우리 삶의 대부분을 차지합니다. 그러나 일이 모든 것을 결정하는 기준이 되어서는 안 됩니다. 균형이 있어야 하지요. 우리에게는 휴식과 여유의 시간이 필요합니다. 그래야 일 때문에 기진맥진하게 되지 않습니다. 그러나 활동하는 시간도 필요합니다. 그래야 의기소침해지지 않고, 내적 긴장도 잃지 않게 되지요. 베네딕토 성인은 "기도하고 일하라 ora et labora."라고 말했습니다. 즉 기도와 일은 연관되어 있습니다. 이러한 연관성은 긴장과 휴식의 관계, 세상과 하느님의 관계를 강조합니다.

기도와 일에서 중요한 것은 헌신적인 태도입니다.

어떤 젊은이가 있었습니다. 그는 무턱대고 수도원에 들어가려 했지요. 그러고는 자신은 관상적인 유형이라 말하면서, 하루에 기껏해야 세 시간만 일할 수 있으며 나머지 시간은 관상에 쓸 거라고 했습니다. 이 젊은이는 관상을 자기 자신을 위한 시간으로 혼동한 것이지요.

베네딕토 성인이 수도자들에게 기도하고 일하라고 요구한 것은 헛된 게 아닙니다. 둘은 같은 범주에 속합니다. 그리고 이 둘에는 특정한 시간이 있습니다. 의식적으로 외적인 일은 하지 않는 시간이 있지요. 단순히 자리에 앉아 있는 시간, 묵상하는 시간, 침묵의 소리에 귀 기울이는 시간이 있습니다. 그런데 늘 자리에 앉아 묵상만 하면, 그 묵상은 언젠가 공허하게 되고 내적 긴장을 잃게 됩니다. 활동 시간과 기도 시간이 번갈아 이어져야 내적 활기를 유지할 수 있습니다.

베네딕토 성인은 활동 시간과 관상 시간, 일하는 시간과 기도 시간만 말한 것이 아닙니다. 일을 기도의 진정성을 시험하는 것으로도 이해합니다. 일을 거부하는 사람은 결국 하느님께 바치는 기도도 거부하는 것입니다. 그는 기도를 자기 자신과 자신의 욕구와 감정 주위를 맴도는 시간으로만 이용합니다.

기도와 일에서 관건은 헌신과 몰입입니다. 기도하면서 우리는 하느님께 우리를 내어 드립니다. 그리고 일에 전념하면서 하느님께 우리를 내어 드립니다. 베네딕토 성인에게는 이렇게 일에 전념하는 것이 기도에 몰입하는 것과 다르지 않습니다. 하느님은 우리 자신을 내려놓으라고, 우리 자신과 사람들 그리고 삶이 요구하는 것에 뛰어들라고 부르십니다. 이것이 바로 '일'입니다. 이렇게 일의 새로운 가치를 체험하기 위해서는 일과 휴식, 일과 기도가 번갈아 이어지는 것이 필요합니다.

> 활동과 기도가 번갈아 이어져야
> 내적 활기를 유지할 수 있습니다.

우리는 휴식, 여유, 관상의 시간을 누리는 법을 배워야 합니다. 그래야 다시 즐겁게 일할 수 있습니다. 여유는 관상의 전제 조건이기도 합니다. 여유란 멈춰 섬, 허용, 침묵, 쉼의 내적 태도를 의미합니다. 끊임없이 뭔가를 하고 이뤄야 한다는 압박에서 벗어나 자유를 누리는 것이지요. 우리에게는 할 일이 많고 중요한 인물이라는 인상을 남들에게 심어 주려는 유혹이 다가옵니다. 이 유혹에 넘어가서는 안 됩니다. 우리가 항상 세상을 변화시키지는 못한다는 것을 알기 때문입니다.

관상 중에 우리는 내적 원천과 접촉합니다. 그리고 일하면서 이 원천에서 힘을 길어 냅니다. 관상은 우리를 영혼의 근저로 이끕니다. 거기서 우리는 성령의 샘, 우리 안에서 솟아나는 이 샘을 발견합니다. 이 샘에서 물을 길어 올린다면, 그렇게 쉽사리 지치진 않을 것입니다. 샘은 길어 내고 또 길어 내도 마르지 않기 때문입니다.

물론, 하느님의 영에 스며들어야만 이 샘에서 물을 길어 낼 수 있습니다. 나를 내려놓고 하느님의 영께 마음을 열 때에 성령의 샘이 흐릅니다. 그렇게 되면, 우리가 하는 일은 다른 가치를 얻습니다. 일은 잘 이루어지고 복을 가져옵니다. 하느님의 영이 그 안에 스며들었기 때문입니다.

즐길 때가 있고, 포기할 때가 있다

우리 삶에는 포기할 때와 즐길 때가 있습니다. 이런 주기적 변화는 삶에 자극을 줍니다. 우리가 항상 즐기기만 하면서 산다면 곧 그 기쁨을 빼앗길 것입니다. 어느 정도 포기할 줄 알아야 하지요. 그런데 이를 뒤집어 보면, 포기하는 일이 즐기는 것의 반대가 아님을 알 수 있습니다. 오히려 포기하는 것은 더 많이 즐기도록 돕습니다.

포기할 줄 아는 사람만이 실제로도 즐길 수 있습니다. 즐기는 것은 올바른 절제와 연관이 있습니다. 즐기는 것은 탐욕의 반대입니다. 탐욕스러운 사람들은 점점 더 자신 안으로 파고듭니다. 그들은 포식합니다. 내면의 공허함을 먹는 것으로 채우려는 것이지요. 그러나 자신이 무엇을 먹는지, 또는 무엇을 마시는지 자각하지 못합니다. 그들은 자기 몸을 관리하지 못하고, 주위 사람들과도 교류하지 못합니다. 그들은 사물의 신비를 체험하지 못합니다. 즐기는 것을 이미 포기한 것입니다. 그러므로 무절제한 태도는 버려야 합니다.

즐기는 것과 포기하는 것이 교대되어야
그것이 삶에 맛을 줍니다.

즐기는 것은 좋은 것과 아름다운 것과 연관이 있습니다. 우리는 맛있는 음식을 즐깁니다. 우리는 좋은 책을 읽고 그 좋은 점을 즐깁니다. 마찬가지로 그림이나 음악의 아름다움 또는 자연의 아름다움을 즐깁니다. 즐기는 것은 소비하는 것이 아닙니다. 우리가 주의 깊게 자연과 교류하고 자연을 품고 돌봐야만 그 자연의 아름다움을 즐길 수 있습니다. 또 상대방을 소중히 여길 때에, 그를 평가하거나 이용하지 않고 있는 그대로 받아들일 때에 그가 어떤 사람인지 제대로 알 수 있습니다.

즐길 수 있으려면 시간이 필요합니다. 저 같은 경우는 식사 시간에 음식을 천천히 먹습니다. 그리고 그림을 바라보면서 시간적 여유를 둡니다. 저는 의자에 앉아 편안한 마음으로 그림이 주는 메시지를 읽습니다. 저는 음악회에도 서둘러 가지 않습니다. 음악이 제 안에 스며들도록 합니다. 경치를 즐길 때에도 시간이 필요합니다. 저는 멈춰 서서 경치를 바라보며 그 경치를 음미합니다.

> 즐기려면 시간과 집중이 필요합니다.

즐기려면 시간이 필요하다는 말은 우리가 모든 욕구를 즉시 충족할 수 없다는 뜻이기도 합니다. 우리가 즐거운 일을 미룰 때, 이 기다림에 마음을 열 수 있습니다. 그리하여 우리가 갈망하는 것을 실제로 누릴 수 있게 됩니다. 그것이 음식이든, 음악회든, 미술관에 걸려 있는 그림이든 말이지요.

실제로 즐기기 위해서는 집중도 필요합니다. 저는 의식적으로 먹고, 제가 바라보는 경치를 의식적으로 인지합니다. 제가 일할 때는 음악이 영향을 미치지 않습니다. 음악을 들을 때는 다른 모든 것을 접고 음악에 몰두합니다. 그림을 감상할 때에도 그렇게 합니다.

즐기는 것은 영성의 주제이기도 합니다. 영성 생활의 목표는 '하느님을 향유하기fruitio Dei'라고 영성 작가들은 말합니다. 하느님을 향유하는 것은 인간의 가장 큰 갈망을 이루는 것이라고 영적 전통은 말합니다. 이렇게 하느님을 향유하는 것은 우리가 의식적으로 음악을 들으며 기뻐하고, 맛있는 음식을 먹으며 기뻐하고, 아름다운 그림을 감상하며 기뻐할 때에도 이루어질 수 있습니다.

하느님이 우리를 위해 즐길 때와 포기할 때를 마련해 놓으셨음을 우리가 받아들이면 우리 삶이 행복해질 것입니다.

성공할 때가 있고, 실패할 때가 있다

　우리는 성공하기를 바랍니다. 어린 시절에 친구들과 축구 시합을 했을 때 저는 이기고 싶었습니다. 그러나 축구에서도, 삶에서도 항상 이길 수는 없습니다. 그것을 저는 수도원 재정 소임을 맡았던 시절에 깊이 깨달았습니다. 어떤 일들은 잘 풀렸지만, 어떤 일에서는 손실도 보았습니다. 어떤 사업에 투자했을 경우에 손실도 볼 수 있다는 것을 고려해야만 그 일이 잘 이루어질 수 있을 것입니다.
　우리가 어떤 직업을 택하면 그것을 통해 성공하기를 바랍니다. 결혼한 사람들은 결혼 생활이 영원히 지속되기를 바랍니다. 인간으로 성장해 가는 과정에서도 우리는 점점 더 앞으로 나아가려 하고, 점점 더 성숙해지기를 바랍니다. 그렇지만 실패를 경험하기도 합니다. 자신의 한계에 이르거나 회사가 망하거나 계속 일할 기회를 더 이상 잡지 못할 수도 있습니다. 부부가 서로 존중하며 교류하기 위해 온갖 노력을 기울였음에도, 결국 결혼 생활이 깨질 수도 있습니다. 우리는 완성 단계가 가까워져도 실패할 것 같은 생각이 들 때가 있습니다. 갑자기 어두운 그림자가 드리워지면서 우리가 그동안 애써 이룩해 놓은 게 와르르 무너져 내릴 듯한 기분이 들 때도 있습니다.

실패를 인정한다는 것은 가슴 아픈 일입니다. 그러나 실패의 고통을 겪은 뒤 해야 할 중요한 게 있습니다. 그 실패와 화해하는 것입니다. 그러나 우리가 실패의 의미를 깨달을 때에만 화해가 가능합니다. 아마도 우리는 환상을 쫓았을 것입니다. 그렇다면 삶에서 실패한 게 아니라, 삶에 대한 설계가 실패한 것입니다. 이는 우리가 우리 삶을 새롭게 형성하도록 하기 위한 것입니다. 오래된 화병이 깨진 것은 그 깨진 조각들로 뭔가 새로운 것이, 나의 참된 본질에 부합하는 그 무엇이 형성되기 위한 것입니다. 우리가 실패를 그런 관점에서 바라볼 때, 실패는 진정한 자아에 부합하는 모습으로 성장하기 위한 기회가 될 수 있습니다. 우리는 우리 자신이나 우리 삶에 대해 만들어 놓은 잘못된 상이나 너무 원대한 상에서 벗어나려면 실패가 필요하다는 사실을 깨닫곤 합니다. 이러한 체험이 내적 성숙으로, 더 큰 평화와 평정으로 이끌어 줄 수 있습니다. 실패는 새로운 방식으로 삶을 성공하게 해 줄 수 있습니다. 이제 성공은 다른 차원을 지닙니다. 외적 성공만 중요한 게 아니라, 종국에는 내적 성공, 즉 우리가 바람직한 인간으로 바뀌는 것이 중요합니다. 남들이 우리 삶을 어떻게 보는가와는 상관없이 말이지요.

> 실패는 우리의 진정한 자아에 부합하는 모습으로
> 성장하기 위한 기회가 될 수 있습니다.

헌신할 때가 있고, 피곤해도 될 때가 있다

우리가 자기 자신만, 자신의 욕구와 소망만 맴돌지 않고 다른 사람들을 위해 헌신하는 것은 좋은 일입니다. 다른 사람들을 위해 봉사하는 것은 그리스도교의 이웃 사랑의 표현입니다. 그러나 저는 자기 자신을 위해 뭔가를 하면서 늘 양심의 가책을 받는 사람들을 알고 있습니다. 그들은 자신이 언제나 다른 사람들을 위해 존재한다고 여깁니다. 그러나 우리는 영혼의 소리에 귀 기울여야 합니다. 다른 사람들을 위해 헌신하는 것이 우리에게 기쁨을 주는 한, 자기 자신에게서 눈을 돌리고 그들을 위해 존재하는 것이 옳습니다. 그러나 다른 사람들을 위해 헌신하면서 자신이 착취당했다고 느끼거나 과민하게 반응하거나 지쳤다면, 영혼이 보내는 신호를 들어야 합니다. 다른 사람들을 돌보는 것과 자신을 돌보는 것, 이 둘의 균형을 이루는 것이 중요합니다.

봉사하다가 지쳤다면, 그것은 아마도 자신을 돌보고 쉬라는 초대일 것입니다. 우리는 지금 필요한 것을 행해야 합니다. 휴식은 우리 영혼을 살찌우며, 우리에게 기쁨을 줍니다. 피곤함은 우리 자신을 돌보라는 초대입니다. 그러나 피곤함은 다른 것도 의미할 수 있습니다. 때로 우리가 지치는 까닭은 뭔가가 맞지 않기 때문입니다. 예를 들겠습니다. 어떤 사람과 대화를 나누는데, 그가 자신을 실제로 압박하는 것에 대해서는 말하지 않고 자신의 본래적인 문제 주변만 맴돌 때면 지칩니다. 그러므로 다른 사람들을 위해 헌신하면서 지친다면, 그것은 자신을 더 면밀히 들여다보라는 초대입니다. '이러한 헌신은 의미 있을까? 아니면 이제 뭔가 다른 것을 할 시기일까? 더 이상 헌신하지 말아야 할 때인가?'

> 우리가 봉사하면서 지쳤다면,
> 그것은 아마도 자신을 돌보고 쉬라는 초대일 것입니다.

다른 사람들을 위해 헌신한 뒤 지쳐 침대에 누우면 피곤함의 무게를 즐길 수 있습니다. 그리고 나서 자기 암시를 줍니다. "이제 나는 절대로 아무것도 하지 않겠어. 15분간 쉬고 나면 다른 사람들을 위해 새롭게 헌신할 마음이 다시 생길 거야." 우리가 영혼의 소리에 귀 기울이면, 다른 사람들을 위해 헌신할 때가 언제인지, 피곤함을 인정할 때가 언제인지 알게 됩니다.

믿을 때가 있고, 의혹을 품을 때가 있다

믿음이 우리를 받쳐 주는 때가 있습니다. 우리는 하느님이 계시다는 것, 그분이 우리와 함께하시고 우리가 삶을 극복하도록 도와주신다는 것을 믿습니다. 그렇지만 의혹을 품을 때도 있습니다. '내가 믿는 모든 것은 망상에 불과할까? 하느님이 계시다는 것, 하느님이 예수 그리스도 안에서 사람이 되셨다는 것, 하느님이 그분을 통해 우리에게 당신의 영을 주셨다는 것은 무슨 뜻인가?'

특히 고통이 덮칠 때 의혹은 더 강해집니다. '하느님은 어찌하여 나를 내버려 두셨을까? 왜 어머니는 그렇게 일찍 돌아가셔야만 했을까? 왜 내 아들을 교통사고로 잃어야 했을까?' 이러한 것들은 우리를 돌보시는 인자하신 하느님과 일치할 수 없도록 합니다.

의혹이 우리를 덮칠 때에 "그래도 믿어야 해."라며 자신을 압박하지 마세요. 의혹은 생길 수 있습니다. 살다 보면 의혹이 믿음보다 더 큰 시기가 찾아올 수 있습니다. 그러나 중요한 것은 의혹에 매이지 않고 의혹이 다시 믿음으로 바뀔 것임을 신뢰하는 것입니다. 의혹이 들 때 믿음에서 멀어져서는 안 됩니다.

오히려 의혹을 믿음을 새롭게 가꾸라는 도전으로 받아들여야 합니다. '사랑하는 사람이 세상을 떠난 지금, 부활에 대한 믿음은 무엇을 의미할까? 사랑이 죽음보다 더 강하다는 것은 무슨 뜻일까? 나를 받쳐 주시고 내가 희망을 두는 하느님은 누구실까? 내 안에 있는 모든 것이 어둡고 희망을 걸 수조차 없는 지금, 나는 하느님을 어떻게 체험하고 있을까?' 이런 생각을 하는 것이 좋습니다.

우리가 독선적인 사람이 되지 않도록
의혹은 믿음을 지켜 줍니다.

우리가 의혹을 억누르면, 우리와 생각이 다른 이들에게 우리의 의혹을 투사하게 됩니다. 이어서 그들과 싸우게 되지요. 그들이 우리를 불안하게 만들기 때문입니다. 그러나 우리가 의혹을 허용하면, 우리와 다르게 생각하는 사람들로 인해 불안해지지 않을 것입니다. 우리는 다른 사람들의 의혹과 마주하고, 우리 자신의 의혹과도 마주합니다.

그러나 의혹에 빠지지 않을 수 있습니다. 오히려 의혹에서 믿음으로 나아갈 수 있습니다. 의혹을 허용하세요. 그러나 이어서 이렇게 말해야 합니다. "그래, 사람은 누구나 의혹을 품을 수 있다. 나 역시 의혹이 강하게 든다. 하지만 나는 믿음이라는 카드도 꺼낼 수 있다."

믿음과 의혹은 종종 동시에 존재합니다. 그럴 때는 의혹이 근본적으로 믿음에 속합니다. 우리가 독선적인 사람이 되지 않도록 의혹이 믿음을 지켜 주기 때문입니다. 그리고 의혹은 믿음을 키우라고 우리를 촉구합니다.

모든 것이 망상일 뿐이라는 의혹이 들 때, 우리는 의혹을 끝내야겠다고 결심할 수 있습니다. 의혹에 직면해서 우리는 믿음을 위해 결정을 내릴 수 있습니다. 그러나 믿음은 결코 전유물이 아닙니다. 우리는 늘 의혹에서 빠져나와 믿음으로 도약해야 합니다.

건강을 중시하되, 병도 삶의 일부로 여기기

어떤 사람이 본래 건강할까요? 이 물음에 어느 주치의는 이렇게 말했습니다. "자신의 병과 더불어 어느 정도는 행복하게 살 수 있는 사람"이라고 말이지요. 이 말에는 많은 진실이 숨어 있습니다. 독일 코미디언이자 작가인 카를 발렌틴Karl Valentin은 그것을 이렇게 표현했습니다. "전혀 아프지 않은 것은 건강하지 않은 것이기도 합니다." 어떤 사람에게 건강 상태가 어떠냐고 물어 보면 흔히 이렇게 대답합니다. "저는 건강한 편이에요." 대개는 병이 들어서야 비로소 건강이 얼마나 소중한지 깨닫습니다. 아무튼 사람들은 될 수 있는 한 오랫동안 건강하고 좋은 상태를 유지하고 싶어 합니다. 건강이 '최고 선'입니다. 건강을 위해서 가능한 것은 모조리 해 보거나 늘 다이어트에 힘쓰거나 건강을 보장해 준다고 하는 온갖 건강보조식품을 챙겨 먹습니다. 그렇지만 그런 방식은 건강을 보장하지 못하지요.

한편 어떤 사람들은 병을 패배로 여깁니다. 그들은 이렇게 생각합니다. '건강하게 살고 잘 먹고 바람직한 영성도 지녔다면 결코 아프지 않았을 텐데.'

> 병은 우리로 하여금 '나'라는 존재의 기본 상태,
> 즉 약함을 보게 합니다.
> 병은 우리를 다그치며 자문하게 합니다.
> "나는 실제로 누구인가?"

그렇지만 병도 우리 삶에서 중요한 과제를 지니는 게 분명합니다. 병은 건강이 선물임을, 우리 자신이 '만들' 수 있는 것이 아님을 보여 줍니다. 다른 한편으로 병은 우리 자신의 진실을 알게 하고, 진정한 자아로 이끌어 줍니다. 병은 우리가 자기 자신에 대해 만들어 놓은 환상을 부숩니다. 예컨대 원하는 모든 것을 할 수 있다는 환상, 언제나 건강하리라는 환상, 건강을 손아귀에 넣고 있다는 환상을 부수지요. 병은 우리에게 '나'라는 인간의 기본 상태, 즉 약함을 보게 합니다. 병은 우리를 다그치며 자문하게 합니다. "나는 실제로 누구인가? 나는 성공한 사람, 늘 건강한 사람에 불과한가? 나의 진정한 자아는 무엇인가? 누가 병든 사람인가?" 병은 또 우리를 겸손하게 합니다. 병은 우리가 우리 몸을 소유한 게 아님을 깨닫게 합니다. 우리는 몸과 잘 교류하고 또 소중하게 대해야 합니다.

병과 건강은 삶에 속합니다. 우리가 건강하게 살 수 있다면, 그것은 선물입니다. 그러나 병은 우리에게 한계를 알려줍니다. 몸은 우리에게 적절한 선이 무엇인지 종종 신호를 보냅니다. 그런데 우리는 이 신호를 들으려 하지 않습니다. 그럴 때 병이 등장합니다. 우리가 몸이 말하는 소리를 듣고 주목하도록 그러는 것이지요. 이렇게 병을 앓게 되었을 때라도, 우리에게 말씀하시는 하느님의 목소리를 듣고 따를 수 있는 자세가 필요합니다.

부정적인 감정을 허용하되, 휘둘리지 말기

우리는 사랑, 기쁨, 행복, 열정 같은 긍정적인 감정뿐만 아니라 불안, 분노, 시기, 질투, 수치심 같은 부정적인 감정도 경험합니다. 살다 보면 우리에게 이런 감정이 있는 게 아니라, 감정이 우리를 손아귀에 넣은 경우도 참으로 많습니다. 우리는 부정적인 감정을 떨쳐내려 하지만, 생각보다 잘 되지 않습니다. 부정적인 감정에 맞서 싸우면 싸울수록 그 감정은 더 힘이 세집니다. 그렇기에 우리에게는 이런 부정적인 감정에 어떻게 대응하느냐가 중요합니다.

감정 안에는 힘이 있습니다. 그래서 감정을 잘라 내면, 우리는 중요한 힘의 원천에서 떨어져 나갑니다. 물론 우리를 지배하는 부정적인 감정도 있습니다. 분노는 힘이 세서 폭발할 수 있고, 시기는 내적으로 우리를 갉아먹을 수 있습니다. 탐욕은 결코 평온에 이르지 못하게 하고, 불안은 심리적으로 위축시킬 수 있으며, 슬픔은 우리를 아래로 끌어내릴 수 있습니다.

수도자들은 때로 감정들이 마치 원수처럼 우리를 공격하고 지배하려 한다고 표현합니다. 그들에게 관건은 감정을 뿌리 뽑는 게 아니라, 그 감정들과 싸우는 것입니다. 그 감정들 안에 숨어 있는 긍정적인 힘을 자신을 위해 이용할 수 있기 때문입니다. 모든 감정에는 하나의 의미가 숨어 있습니다. 중요한 것은 감정의 의미를 깨닫는 것, 그리고 우리를 강하게 하는 힘을 발견하는 것입니다.

> 감정은 하나의 에너지원입니다.
> 우리가 감정에 적절히 대응할 때, 그 감정이 우리를
> 더 생기 넘치고 더 인간답게 해 줄 수 있습니다.

이러한 지혜를 아름다운 비유로 표현하는 동화가 있습니

다. 이 동화는 개들과 대화를 나눈 한 젊은이에 관해 들려줍니다. 그 젊은이는 어느 탑에서 밤을 지내야 했습니다. 그 탑에는 사나운 개들이 살고 있었는데, 그를 보고는 크게 짖어댔습니다. 그러자 젊은이는 다정하게 개들과 대화를 나눕니다. 개들은 보물을 지키느라고 그렇게 사납게 짖었다며 고백합니다. 그러고는 보물이 있는 곳을 가리키며 그가 그것을 파내도록 도와줍니다. 그러고 나서 개들은 사라집니다.

이 동화에는 다음과 같은 지혜가 숨어 있습니다. 우리의 감정이 요란한 소리를 내는 곳, 그 감정이 우리를 꼼짝 못하게 지배하려는 곳에는 보물도 있습니다. '보물'은 진정한 자아를 가리키는 하나의 표상입니다. 그렇게 큰 소리로 말하는 감정은 우리 안에 있는 내적 보물을 발견하도록 우리를 초대합니다. 우리는 그 감정이 하는 말을 이해하고 그 감정과 대화만 하면 됩니다. 그러면 그 감정은 우리가 더 인간답게 되는 데 크게 기여할 것입니다. 또한 우리가 무엇을 의식해야 하는지, 우리가 내면에서 무엇을 지켜야 하는지 알려 줄 것입니다.

삶을 즐기고, 죽음의 때가 오면 받아들이기

사람이 세상에 태어나면 언젠가 죽는다는 것은 누구나 알고 있는 사실입니다. 삶과 죽음은 긴밀한 관계에 있다고 오래된 지혜는 말합니다. 우리는 태어난 순간부터 끊임없이 죽어 가고 있다고, 끊임없이 죽음에 더 다가가고 있다고 아우구스티노 성인은 생각했습니다. 그러나 삶과 죽음은 다른 방식으로도 긴밀하게 연결되어 있습니다. 자신이 죽는다는 것을 의식하는 사람만이 적극적으로 살 수 있습니다. 베네딕토 성인은 죽음을 항상 유념하라며 수도자들에게 경고했습니다. 우리가 죽음을 생각할 때, 그것은 우리로 하여금 지금 이 순간을 살게 합니다. 우리 삶의 유한함은 지금 이 순간에 특별한 비중을 두게 합니다. 지금 이 순간을 진실하게 사는 것보다 더 중요한 것은 없습니다. 죽음을 유념하는 것은 수도자들에게 두려움에서 벗어나 살게 하기 위한 영적 연습입니다. 우리가 두려움에서 벗어나 산다면, 많은 것이 더 이상 중요하지 않게 됩니다. 그렇지만 이따금 죽음에 대한 두려움이 떠오르기도 합니다. 이는 우리가 아직 제대로 살지 못한 것에 대한 지나친 걱정을 표현한 것이지요. 그러나 죽음은 삶에 가치를 부여합니다.

사람들은 경험해 보지 못한 삶을 버려놓지 못합니다.

때로는 탄생과 죽음이 함께 옵니다. 할아버지가 세상을 떠나고, 며칠 뒤 손자가 태어납니다. 가족은 두 가지 일을 치릅니다. 할아버지 장례식과 손자의 유아 세례식을 거행하는 것입니다. 또는 할머니의 구순 생일잔치를 치르고 며칠 뒤 할머니가 세상을 떠납니다.

제 어머니는 91세에 세상을 떠났습니다. 어머니는 적극적으로 살기를 바랐고 삶을 누렸지만, 죽음도 준비했습니다.

어머니에게 두 가지, 곧 삶에 대해 "예."라고 말하는 것, 그리고 내려놓고 죽음을 준비하는 것은 그분의 삶에 속했습니다. 그럼에도 사랑하는 사람이 죽는다는 것은 늘 마음이 아픕니다. 이별은 고통스럽지요. 그렇지만 장례식에 대해서조차 사람들은 종종 "참 좋은 장례식이었어."라고 말할 수 있습니다. 이때는 아름답게 이별할 수 있습니다. 장례식 후 함께하는 식사 때에도 웃을 수 있게 됩니다. 사람들은 고인의 삶을 얘기하며, 각자 고인과 함께한 일을 떠올립니다. 누군가가 죽으면 그의 삶을 기리게 됩니다. 우리는 고인이 이제 진정한 모습으로, 하느님이 그에게 주신 본래 모습으로 변모되었음을 믿습니다. 죽음은 우리 그리스도인에게 단지 끝이 아니라 완성, 본래의 것으로 변화하는 것입니다. 그렇기 때문에 우리는 그 유한한 삶을 기릴 수 있습니다. 삶의 유한함은 우리에게 두려움을 안겨 주지 않습니다. 오히려 그것은 지금 이 순간을 살라는 초대입니다.

융은, 인생 중반기부터는 죽음을 준비하는 사람만이 활기차게 살 것이라고 생각했습니다. 제대로 살아 보지 못한 사람에게는 자기 삶을 내려놓는 게 힘듭니다. 사람들은 경험해 보지 못한 삶을 내려놓지 못하기 때문입니다. 사람들은 자신이 경험해 보지 못한 것을 만회해야 한다고 여깁니다. 진실하게 산 사람은 자기 삶도 내려놓을 수 있습니다. 죽음 후에 우리 삶이 어떻게 될지 우리는 모릅니다. 우리가 바라는 것은, 우리 삶이 죽음에서 "어떠한 눈도 본 적이 없고 어떠한 귀도 들은 적이 없는"(1코린 2,9) 것으로 새롭게 변화되는 것입니다.

| 닫는 글 |
세상의 모든 것을 기적처럼

　이 책에서 우리는 평범한 일상, 우리가 마주치는 일, 몸에 밴 활동, 우리에게 삶을 선물하는 다양한 시기, 우리에게 유익을 주는 태도, 그리고 다른 사람들과 더불어 살면서 맺는 관계와 함께 우리 삶을 바라보았습니다. 또한 깨어 있는 눈으로 자연을 바라보았습니다. 그런 가운데 드러난 점이 있습니다. 우리가 행하는 모든 것에서, 우리가 보는 모든 것에서 단지 대상만 마주치지 않는다는 점입니다. 모든 사건과 활동은 존재하는 모든 것의 신비 속으로 스며듭니다. 그것들은 결국 가장 깊은 곳으로, 모든 것을 관통하는 힘으로, 모든 것 안에서 작용하는 영으로, 모든 것 안에서 흐르는 에너지로, 모든 것에 작용하는 사랑으로 스며듭니다. 하느님은 우리 안에도 계시고 우리 밖에도 계십니다. 우리가 자기 영혼을 의식할 때에만, 우리가 세상에서 물러날 때에만 하느님을 만나는 게 아닙니다. 우리는 세상 속에서도 그분을 만납니다. 그러려면 열린 눈과 열린 마음이 필요합니다. 또한 의식하려는 자세, 깨어 있음, 준비된 마음도 필요합니다. 그래야 사물 배후에서, 그리고 사물 안에서 존재의 충만함을 인지할 수 있습니다. 모든 것 안에서 그분께 이르는 길도 알 수 있고요. 나아가 모든 것 안에 현존하시는 그분을 만나는 곳도 바라볼 수 있습니다. 단순히 현재에 머무는 것, 이것이 그러한 영적 삶의 기술을 가리키는 심오한 표지입니다.

모든 것 안에 숨어 있는 신비를 발견하려면 기적을 보려는 태도가 필요합니다. 마치 기적인 것처럼 세상을 대하는 자세는 세상을 놀라운 것으로 바라보기 위한 기술입니다. 플라톤은 세상을 놀라운 것으로 보는 태도가 깊이 사색하기 위한 토대라고 했습니다. 기적인 것처럼 세상을 대하는 사람은 전면에 드러난 것에 고정되지 않습니다. 그는 사물 이면을 바라보려고 노력합니다. 세상을 기적처럼 적극적으로 바라보는 자세는 사물 옆에 서 있으라고, 그리고 그것을 더 면밀히 관찰하라고 이성에게 명령합니다. 생각이 떠도는 것을 막고, 우리가 보는 대상을 관찰하다 보면 우리는 놀라움으로 가득 차게 됩니다. 신플라톤주의자들은 여기서 더 나아갑니다. 세상을 기적처럼 보는 자세는 이성이 모든 것 안에서 놀라운 것을 인식할 때까지 점점 더 사물 위로 올라가도록 촉구합니다. 신앙인이라면 모든 것 안에서 인지할 수 있는 하느님의 기적에 대해 경탄하게 되지요. 꽃의 아름다움에 대해, 좋은 대화에 대해, 우리 영혼 깊은 곳을 건드리는 대상과의 만남에 대해 말이지요.

세상이 바로 기적인 것처럼 대하다 보면 초월적인 것의 신비, 우리가 주의 깊게 바라보는 모든 것 안에서 밝게 빛나는 것의 신비에 마음을 열게 됩니다. 경외심과 감사도 이러한 자세와 늘 연결됩니다. 우리는 우리가 놀란 마음으로 바라보는 대상 앞에서 경외심을 지니고 섭니다. 그리고 지금 이 순간에 밝혀지는 신비에 대해 감사합니다. 그런 가운데 자기 자신보다 더 큰 것에 대해 마음이 열립니다.

이 책은 그러한 기적 같은 순간에 대해 다시 배우도록 독자 여러분을 초대합니다. 경탄할 줄 아는 사람은 전혀 새로운 방법으로 현재에 머뭅니다. 그는 시간을 허용하고, 그 시간 안에 서 있으며, 거기서 침묵할 줄 압니다. 그는 자신이 놀라운 것을 바라보는 지금 이 순간에 완전히 몰입합니다.

많은 사람이 현재를 지나쳐 버리며 살고 있습니다. 그들은 시간이 없다며 한탄합니다. 그리고 시간이 자기 곁을 점점 더 빨리 지나가 버린다고 생각합니다. 사실 우리는 시간을 붙잡을 수 없습니다. 현재는 끊임없이 과거 속으로, 무無로 가라앉습니다. 모든 순간은 즉시 없어진다는, 시간에 대한 이러한 체험은 인간으로 하여금 균형을 갈망하도록 하고, 덧없음을 이겨 내는 힘을 바라게 하며, 소멸되지 않고 지속되는 것을 찾게 만듭니다.

아우구스티노 성인은 순간을 시간과 영원이 일치하는 것으로 체험하고자 했습니다. 현재라는 순간은 시간 속에 있습니다. 그러나 동시에 현 순간은 시간을 넘어섭니다. 영원은 긴 시간이 아니라, 시간의 충만함입니다. 때로 우리는 시간 속에 있지만 시간을 인지하지 못하는 순간을 체험합니다. 이때 모든 것은 현재입니다. 이때 모든 것은 순간입니다.

이때 시간과 영원은 일치합니다.

그리스도교 철학자 보에티우스Boethius가 내린 한 정의에 따르면, 영원은 "무한한 생명이 모든 것을 포괄하는 유일한 지금 안에서 완전히 소유한 것"입니다. 그러므로 영원은 오랜 지속이 아니라, 존재의 충만함을 소유한 것입니다. 존재하는 모든 것은 지금 이 순간에 여기 있습니다. 이때 생각은 시간과 공간 안에서 멈춥니다. 이때 우리는 존재와 전적으로 관계됩니다. 그리고 존재는 모든 시간 건너편에 있습니다. 그것은 순수한 '존재esse'입니다. 이는 '존재하는 것ens'과 반대되는 것입니다. 보에티우스가 영원을 철학적으로 정의하고 그리스도교적으로 풀이한 것은 영원하신 하느님, 우리가 사는 이 시대 안으로 들어오시는 그분에 관해 묵상하게 합니다.

우리는 그것을 이 책에서 거듭 살펴보았습니다. 예컨대 우리가 침묵 중에 묵상할 때나 호숫가 벤치에 조용히 앉아 있을 때에도 존재의 이러한 현존, 현재에 있음을 체험할 수 있습니다. 우리는 순수한 존재입니다. 우리는 자신을 변호하는 것, 뭔가를 내보이는 것, 우리 자신을 증명해야 하는 것에서 벗어났습니다. 이제 우리는 단순히 그냥 있습니다. 독일의 시인 안겔루스 질레지우스Angelus Silesius가 다음과 같이 표현했듯이 말이지요.

> 장미는 '왜'가 없네.
> 피어나기에 피는 것이네.
> 장미는 자신을 주목하지 않네.
> 사람들에게 왜 자기를 바라보는지 묻지도 않네.

이러한 순수한 존재 안에서 우리는 내적 자유를 체험하고 동시에 순수한 현재도 체험합니다. 우리는 과거를 생각하지 않습니다. 미래도 생각하지 않습니다. 우리는 온전히 지금 이 순간에 있습니다. 이러한 순수한 존재 안에서 우리는 하느님과 함께합니다. 그리고 인간으로서도 전혀 새롭게 체험합니다. 이제 우리는 우리가 이룩한 것이나 남들이 우리를 어떻게 여기는지에 따라 자신을 규정하지 않습니다. 우리는 지금 이 순간에 단순히 있습니다. 그리고 자기 자신과 일치하며 단순히 삽니다. 그곳에 침묵의 시간이 찾아듭니다. 그곳에서는 온갖 잡념이 멈춥니다. 순수한 고요함, 순수한 존재만 있습니다. 그곳에서 우리는 온갖 잡동사니를 내려놓고 본질적인 것에 집중합니다. 이제 모든 것이 우리를 에워싸고 있는 신비를 비춥니다. 이제 우리는 우리의 심오한 본질과도 하나가 됩니다.

  이 책에서 제가 주안점을 둔 것은 어떻게 해야 영적 삶의 기술이 평범한 활동과 사물들과 우리 삶의 경험들을 놀라운 것으로, 모든 존재의 근원이신 하느님께로, 그리고 우리가 모든 것 안에서 만나는 그분의 사랑에 마음을 열게 하는지 제시하는 것이었습니다. 여유와 의식과 침묵이 이러한 영적 삶의 기술입니다. 영적 삶의 기술은 결국 우리가 삶에서 마주치는 모든 것을 이 심오한 근원에 스며들 수 있게 하는 것입니다. 그러면 우리가 행하는 모든 것은 놀라운 것에 대해 마음을 열고 거기에 주목하게 됩니다.

| 옮긴이의 말 |
일상에서 일어나는 작은 기적

　누구나 알고 있듯이, 우리의 일상은 사소함의 연속입니다. 그래서 자칫 타성에 젖어 그날그날 되는 대로 살아가고, 지루한 일상의 틀에 갇혀 무감각해지고 무덤덤해지기 십상입니다. 하지만 이런 소극적인 자세로 열정 없이 밋밋하게 살아가면 안 되겠지요. 사실 일상은 무미건조하고 따분한 게 아니라 소중합니다. 평범하고 자잘한 일상이 모여 삶, 인생을 만드니까요.

　여기서 저자가 강조하듯 '기적과 같은 놀라움'이 삶에 대한 기쁨의 원천일 수 있습니다. 우리가 기저를 보는 듯한 태도를 지닐 때 일상의 진부함을 깰 수 있습니다. 저자는 이러한 태도를 다음과 같이 설명합니다. "우리는 때때로 우리를 놀라게 하는 대상과 마주칩니다. 그 앞에 서서 그 대상을 바라보지요. 그 대상은 우리를 건드려 송두리째 사로잡습니다. 그래서 우리는 피상적인 것에 만족하지 않게 됩니다. 기적을 보듯이 놀라워하면서 나 자신을 넘어 나아가게 되는 것입니다."

이 책에서 저자는 우리가 일상에서 별반 주목하지 않는 것들(숨, 걷기, 물, 의자 등)을 소재로 택하고, 자신의 영성과 다양한 체험을 비롯해 성경 이야기, 수도원 전통, 신비가, 시인, 철학자들의 생각과도 연관 지어 내용을 펼칩니다. 또한 생명과 죽음, 사랑, 아름다움, 감사와 같은 깊이 있는 주제도 함께 다루면서 우리로 하여금 깨어 있는 자세를 지니도록 이끌어 줍니다. 나아가 '그 이상의 뭔가'에 대한 갈망도 품게 해 줍니다. 우리가 일상에서의 기적을 발견하려 애쓸 때 모든 것을 하느님과 연관시키게 되고 그분과 접촉할 수도 있을 것입니다. 저자는 삶에서 일어나는 작은 일들을 다시 평가하는 법을 배우도록 독려합니다. 우리가 그렇게 할 때 삶의 진정한 의미를 찾게 될 뿐만 아니라, 행복과 더 큰 기쁨도 느낄 수 있을 것입니다.

  이 책을 통해 평범한 일상에 대해 깊이 생각해 보고 자신도 돌아보게 됩니다. 실제로 사소한 것이 큰 것을 품고 있으며, 중대한 일들이 사소한 것들에 좌우될 수도 있습니다. 이러한 관점에서 보면 일상, 사소한 것, 평범한 것이 얼마나 소중하고 값진지 새삼 깨닫게 됩니다. 그렇습니다. 우리는 일상을 새롭게 일궈 나가고, 기도하며 자신을 성찰하는 풍요로운 삶을 살 수 있습니다. 그런 가운데 삶을 재창조할 수 있습니다. 우리가 새로운 눈으로 바라볼 때 평범한 것 뒤에 숨어 있는 진실을 깨달을 수 있으며, 일상 속에 숨겨진 진리도 찾아낼 수 있습니다. 또한 일상에서 일어나는 작은 기적들도 체험하게 될 것입니다.

  울림 깊은 책을 쓴 저자에게 존경을 표하며, 이 책을 우리말로 옮기도록 맡겨 준 가톨릭출판사와 이 책이 출간되기까지 애쓴 분들에게도 감사 인사를 전합니다.

2020년 여름

황미하

| 참고 문헌 |

Joachim-Ernst Berendt, *Das Dritte Ohr. Vom Hören der Welt*, Reinbek, Rowohlt, 1985

Karlfried Graf Dürckheim, *Der Alltag als Übung. Vom Weg zur Verwandlung*, Bern, Huber 11. Auflage, 2012

Einfach leben. Ein Brief von Anselm Grün, hg. von Rudolf Walter, Freiburg i. Br., Herder, 2006 ff.

Evagrius Ponticus, *Praktikos. Über das Gebet*, Münsterschwarzach, Vier Türme, 1986

Marianne Gronemeyer, *Das Leben als letzte Gelegenheit. Sicherheitsbedürfnisse und Zeitknappheit*, Darmstadt, WBG, 1993

Thich Nhat Hanh, *Das Wunder der Achtsamkeit. Einführung in die Meditation*, Zürich/München, Theseus 7. Auflage, 1997

Jörg Lauster, *Die Verzauberung der Welt. Eine Kulturgeschichte des Christentums*, München, Beck, 2014

Pierre Riché, *Die Spiritualität des keltischen und germanischen Kulturkreises*, in: Bernard McGinn / John Meyendorff / Jean Leclercq, *Geschichte der christlichen Spiritualität, Bd. 1: Von den Anfängen bis zum 12. Jahrhundert*, Würzburg, Echter, 1993, 182-194

Peter Schellenbaum, *Im Einverständnis mit dem Wunderbaren. Was unser Leben trägt*, München, dtv, 2000